INSTRUCTION

QUE

L'E ROI

A FAIT EXPÉDIER

POUR

RÉGLER PROVISOIREMENT

L'EXERCICE

DE SES TROUPES

D'INFANTERIE.

Du 11 Juin 1774.

A PARIS,

DE L'IMPRIMERIE ROYALE.

M. DCCLXXVI.

TABLE

DES

TITRES ET ARTICLES

Contenus dans cette Instruction.

11. Juin 1774.

v

b

INSTRUCTION

INSTRUCTION

Que LE ROI a fait expédier pour régler provisoirement l'Exercice de ses Troupes d'Infanterie.

Du 11 Juin 1774.

SA MAJESTÉ étant dans l'intention de régler provisoirement les différentes manœuvres sur lesquelles ses Troupes d'Infanterie devront être exercées par la suite : Et voulant établir à cet effet la plus grande uniformité dans les évolutions, les commandemens, les moyens de détail, & dans les Écoles d'instruction ; voulant aussi Sa Majesté que les exercices particuliers de chaque régiment, soient dirigés sur des principes applicables à toutes les circonstances où un Corps considérable d'Infanterie peut se trouver à la guerre, a ordonné & ordonne ce qui suit :

A

TITRE PREMIER.

De l'Armement & Équipement.

Toutes les parties de l'armement & de l'équipement des Officiers, bas Officiers, Grenadiers, Soldats & Tambours, seront uniformes & conformes aux modèles.

Les Colonels, Lieutenans - colonels, Majors, Chefs de bataillon, Aides-major & Sous-aides-major, auront pour toutes armes des épées, qu'ils mettront à la main toutes les fois qu'ils seront sous les armes.

Tous les Officiers seront armés de fusils uniformes, avec leurs baïonnettes, d'épées & de gibernes.

Tous les Officiers porteront des hausse-cols.

Les Fourriers, Sergens, Caporaux & Grenadiers seront armés de fusils avec leurs baïonnettes, d'un sabre & d'une giberne.

Les Appointés & les Fusiliers seront armés d'un fusil, d'une baïonnette & d'une giberne.

Tous les Tambours seront armés d'un sabre.

Les épées, les sabres & les baïonnettes seront portés par des ceinturons.

Tous les bas Officiers, Grenadiers, Fusiliers & Tambours porteront le ceinturon sur la veste.

Les Officiers ne le porteront ainsi, que lorsqu'ils seront sous les armes.

TITRE II.

ARTICLE PREMIER.

Objets sur lesquels les Officiers & bas Officiers doivent être instruits.

Les Officiers supérieurs, tous les Officiers & les bas Officiers de chaque régiment, seront tenus de favoir, & d'exécuter avec précifion, le maniement des armes particulier à l'Officier, celui du Soldat, la marche & fes différens pas, les évolutions, les différentes manœuvres & les différens feux, pour être en état de conduire & d'exercer leur troupe dans tous les cas.

Le Commandant du régiment, fera refponfable de l'inftruction des Officiers, & les exercera ou les fera exercer devant lui ou devant un Officier fupérieur, toutes les fois qu'il le jugera à propos.

Le Major fera chargé de l'inftruction générale, & en rendra compte au Commandant du régiment. Les Aides-major & les Sous-aides-major aideront le Major dans tous les détails de l'inftruction.

Aucun fujet propofé pour être Officier, ne pourra être reçu à l'emploi pour lequel il aura été nommé, qu'après avoir fait le fervice, & avoir été exercé comme Soldat, pendant deux mois, comme Caporal, pendant deux autres mois; enfin, comme Sergent, auffi pendant deux mois, fous la conduite d'un bas Officier: Voulant Sa Majefté qu'il monte chaque femaine une garde, qu'il foit tenu de porter fucceffivement les marques diftinctives de chacun de ces grades, & d'en remplir indiftinctement toutes les fonctions, à l'exception des corvées.

Lorfqu'au bout de ces fix mois, le Commandant du régiment aura jugé ce nouveau fujet fuffifamment inftruit, il le fera recevoir à fon emploi.

Aucun Officier ne fera réputé inftruit, qu'autant qu'il faura, indépendamment de l'exécution, commander & exercer la troupe qui lui fera confiée.

Il fera à cet effet établi à l'Ecole d'inftruction, une École particulière de commandement, dans laquelle ou apprendra aux Officiers l'énoncé des commande-mens, la manière de les prononcer, & le ton du commandement.

Tous les commandemens dont l'énoncé sera composé de plusieurs mots, seront coupés en deux parties: on prononcera distinctement toutes les syllabes de la première partie; mais on s'attachera à prononcer d'un ton ferme & bref la dernière partie qui détermine l'exécution. Les commandemens qui ne devront servir que d'avertissement, seront prononcés d'un ton égal, sans être partagés, & sans appuyer sur la dernière syllabe.

On accoutumera les Officiers à n'avoir qu'un ton de commandement pour toutes les circonstances, & ce ton sera de toute l'étendue de leur voix.

Aussitôt que les Officiers auront suffisamment acquis l'habitude du commandement, on leur donnera à chacun une file, & successivement un peloton de Soldats, pris dans le nombre des hommes renvoyés du bataillon à l'École d'instruction qui va être indiquée ci-après: ils exerceront le nombre d'hommes qu'on leur confiera, conformément à ce qui sera prescrit.

ARTICLE 2.

Maniement du fusil pour les Officiers & bas Officiers.

LES Officiers & bas Officiers auront toujours la baïonnette au bout du fusil.

Port de l'Arme.

L'arme dans le bras droit & au défaut de l'épaule, le canon en arrière & à-plomb, la baguette en dehors, le bras alongé, la main droite embrassant le chien & la fougarde, la crosse à plat le long de la cuisse droite, la main gauche pendante derrière l'épée.

11. Juin 1774.

ÉNONCÉ DES COMMANDEMENS.	POUR EXÉCUTER.	POUR MONTRER.	EXPLICATION DES MOUVEMENS.
	Temps.	*Mouvemens.*	**TITRE II.** ART. 2.
Reposez-vous = sur vos armes.	1.	2.	*Premier mouvement.*

P ORTER brusquement, en frappant, la main gauche à la capucine du milieu, détachant un peu l'arme de l'épaule, avec la main droite ; lâcher en même temps la main droite ; descendre l'arme de la main gauche ; la resaisir avec la droite au-dessus de la première capucine d'en bas, le pouce droit sur le canon pour l'empoigner, les quatre doigts alongés sur le bois, l'arme d'aplomb, la crosse à deux pouces de terre, le gros de la crosse dirigé sur le côté de la pointe du pied droit, & laisser tomber la main gauche derrière l'épée.

Second mouvement.

Laisser glisser l'arme ; placer le talon de la crosse à côté de la pointe du pied droit.

Posez vos armes = à terre.	1.	2.	Comme il sera dit pour le Soldat, à
Reprenez = vos armes.	1.	2.	l'art. 2 de l'*Inspection des armes*, Tit. III.
Portez = vos armes.	1.	2.	*Premier mouvement.*

Élever l'arme perpendiculairement avec la main droite, à hauteur du teton droit, vis-à-vis de l'épaule, à deux pouces du corps, le coude droit y restant joint ; saisir l'arme de la main gauche, au-dessous de la main droite, à la première capucine, & aussitôt descendre la main droite pour empoigner la sougarde & le chien.

Second mouvement.

Laisser tomber l'arme contre l'épaule, le bras droit alongé & la main gauche pendante derrière l'épée.

B

ÉNONCÉ DES COMMANDEMENS.	POUR EXÉCUTER.	POUR MONTRER.	EXPLICATION DES MOUVEMENS.
	Temps.	*Mouvemens.*	
TITRE II. A R T. 2. *Portez l'arme = au bras.*	I.	3.	*Premier mouvement.* Porter l'arme en avant, avec la main droite entre les deux yeux & à plomb, le canon en dedans, la saisissant de la main gauche à la capucine, l'élevant à hauteur du menton, & l'empoignant en même temps avec la main droite à quatre pouces au-dessous de la platine. *Second mouvement.* Retourner l'arme avec la main droite, le canon en dehors, pour l'appuyer à l'épaule gauche, & passer l'avant-bras gauche horizontalement sur la poitrine, entre la main droite & le chien, pour qu'il soit appuyé sur l'avant-bras gauche. *Troisième mouvement.* Laisser tomber la main droite pendante sur le côté.
Portez = vos armes.	I.	3.	*Premier mouvement.* Empoigner l'arme avec la main droite au-dessous & contre le bras gauche. *Second mouvement.* Porter l'arme avec la main droite perpendiculairement vis-à-vis l'épaule droite, la baguette en avant, la saisissant avec la main gauche à hauteur de l'épaule gauche ; la main droite, dont le bras sera alors alongé, se retournera en même temps pour empoigner la sougarde & le chien. *Troisième mouvement.* Achever de porter l'arme, la main gauche tombant pendante.

ÉNONCÉ DES COMMANDEMENS.	POUR EXÉCUTER.	POUR MONTRER.	EXPLICATION DES MOUVEMENS.	
	Temps.	*Mouvemens.*	Si le bataillon étant en bataille, on lui fait les commandemens, *en parade, ouvrez vos rangs = marche.*	TITRE II. ART. 2.
			A ce commandement, les Officiers se porteront légèrement en avant à la distance prescrite, *Titre V, article 7 de la formation en parade,* se reposeront sur l'arme en faisant le dernier pas, & prendront la position de *parade,* qui s'exécutera en un temps.	
	1.	2.	*Premier mouvement.*	
			Porter la main droite au bout du canon, couvrant la capucine, le pouce alongé sur le canon, le bout détaché de l'épaule de quatre pouces, le coude droit au corps.	
			Second mouvement.	
			Tendre vivement le bras droit sur le côté, à hauteur de l'épaule, l'arme perpendiculaire, la contre-platine en avant, la crosse sur la ligne de la pointe du pied; poser ensuite la crosse à terre, la soutenant auparavant un instant en l'air, afin que l'arme tombe bien à plomb.	

A R T I C L E 3.

Salut du fusil de pied-ferme.

			Premier temps.	
	6.		Faire *à droite* en rapprochant l'arme du corps avec la main droite, la sougarde en avant, la saisir de la main gauche, en frappant à hauteur du ceinturon, l'arme perpendiculaire.	
			Second temps.	
			Quitter l'arme de la main droite, l'élever de la gauche à hauteur du menton,	

ÉNONCÉ DES COMMANDEMENS.	POUR EXÉCUTER.	POUR MONTRER.	EXPLICATION DES MOUVEMENS.
	Temps.	*Mouvemens.*	
TITRE II. ART. 3.			& la saisir en même temps avec la main droite à la poignée au-dessous du chien.
			Troisième temps.
			Couler vivement la main gauche jusqu'à la capucine, & baisser brusquement avec les deux mains la pointe de la baïonnette à six pouces de terre, la main droite élevée à hauteur de la cravate.
			Quatrième temps.
			Revenir dans la position prescrite au second temps.
			Cinquième temps.
			Revenir dans la position du premier temps.
			Sixième temps.
			Faire face en tête, en se reposant sur l'arme, comme il est dit au second mouvement de la *position en parade*.
			ARTICLE 4.
			Salut du fusil en marchant.
	6.		*Premier temps.*
			EN avançant le pied gauche, détacher l'arme de l'épaule avec la main droite, & l'empoigner de la main gauche à hauteur de l'épaule.
			Second temps.
			En avançant le pied droit, quitter l'arme de la main droite pour saisir la poignée, la main gauche ne bougeant pas.
			Troisième temps.
			En avançant le pied gauche, couler la main gauche jusqu'à la capucine, & baisser vivement la pointe de la baïonnette à six pouces de terre.

Quatrième

ÉNONCÉ DES COMMANDEMENS.	POUR EXÉCUTER.	POUR MONTRER.	EXPLICATION DES MOUVEMENS.	
	Temps.	Mouvemens.	*Quatrième temps.*	TITRE II. ART.4.
			En avançant le pied droit, replacer l'arme dans la position du second temps.	
			Cinquième temps.	
			En avançant le pied gauche, quitter la poignée de la main droite, pour embrasser le chien & la fougarde.	
			Sixième temps.	
			En avançant le pied droit, achever de porter l'arme.	
			OBSERVATION.	
			En saluant, soit de pied-ferme, soit en marchant, on fixera toujours la personne qu'on devra saluer, & on ne commencera le premier temps qu'à six pas d'elle.	
			Si, étant de pied-ferme, elle vient de la gauche, on fera un *demi à gauche* au premier temps, en exécutant les autres temps comme il est dit ci-dessus.	
			Lorsque les Officiers étant en parade, devront aller occuper leurs places de bataille, à l'avertissement *serrez vos rangs*, ils rapprocheront la crosse de la pointe du pied, en un temps.	
	1.	2.	Ce temps se montrera en deux mouvemens.	
			Premier mouvement.	
			Rapprocher vivement l'arme du corps avec la main droite, la baguette en avant, en prenant la position du premier mouvement de parade.	
			Second mouvement.	
			Laisser tomber vivement la main droite en frappant, pour prendre la position de *se reposer sur les armes*.	

C

ÉNONCÉ DES COMMANDEMENS.	POUR EXÉCUTER.	POUR MONTRER.	EXPLICATION DES MOUVEMENS.
	Temps.	*Mouvemens.*	

TITRE II.
ART. 4.

Aussitôt après ils porteront l'arme dans le bras droit.

Au commandement *marche*, ils feront *demi-tour à droite*, & iront occuper leurs places de bataille, ainsi qu'il est expliqué *au Titre VI, article IV*, de la *formation en bataille*.

ARTICLE 5.

Maniement du fusil des Caporaux.

Les Caporaux porteront, en toute occasion, le fusil comme le Soldat; mais s'ils doivent représenter des Sergens, ou marcher à la tête d'une Troupe, ou d'une pose de Sentinelles, ils porteront le fusil dans le bras droit comme les Officiers & les Sergens; ils exécuteront ce changement en un temps.

1.   **3.**   Ce temps se montrera en trois mouvemens.

Premier mouvement.

Empoigner l'arme avec la main droite, en tournant la platine en dessus, comme il est dit, *Titre III, article 4*, au premier mouvement du commandement, *présentez vos armes*.

Second mouvement.

Porter l'arme perpendiculairement avec la main droite, entre la tête & l'épaule droite, la baguette en dehors, le bras droit alongé, la main droite empoignant le chien & la fougarde, la main gauche saisissant l'arme à hauteur de l'épaule.

Troisième mouvement.

Achever de porter l'arme, & laisser tomber la main gauche pendante.

ÉNONCÉ DES COMMANDEMENS.	POUR EXÉCUTER.	POUR MONTRER.	EXPLICATION DES MOUVEMENS.	
	Temps.	*Mouvemens.*	*Pour porter l'arme comme Soldat.*	TITRE II. ART. 5.
	1.	3.	Ils l'exécuteront en un temps qui se montrera en trois mouvemens.	

Premier mouvement.

Détacher l'arme de l'épaule droite, la porter perpendiculairement entre les deux yeux, la main gauche la saisissant à hauteur de la cravate; la main droite quittant alors le chien & la sougarde pour prendre l'arme à la poignée, la fixant à hauteur du ceinturon.

Second mouvement.

Élever l'arme de la main droite, le pouce alongé le long de la contre-platine; tourner le canon en dehors, placer l'arme à plomb vis-à-vis l'épaule gauche, & descendre en même temps la main gauche sous la crosse.

Troisième mouvement.

Placer l'arme contre l'épaule gauche, en la poussant de la main droite, pour achever de la porter.

ARTICLE 6.

Maniement du Drapeau.

LORSQUE les Porte-drapeaux seront sous les armes en parade, & qu'ils devront porter le drapeau, ils le porteront en appuyant le talon sur la hanche droite, le tenant un peu de biais, la lance en avant, la main droite placée à un pied & demi au-dessus de l'extrémité du talon, la main gauche pendante derrière l'épée.

Reposez-vous = sur le drapeau.	1.	2.	*Premier mouvement.*

Détacher le drapeau de la hanche droite; le porter perpendiculairement devant soi; le saisir de la main gauche

ÉNONCÉ DES COMMANDEMENS.	POUR EXÉCUTER.	POUR MONTRER.	EXPLICATION DES MOUVEMENS.
TITRE II. ART. 6.	*Temps.*	*Mouvemens.*	à un demi-pied au-dessus de la main droite; lâcher en même temps le drapeau de la main droite, pour l'abaisser de la gauche, & le porter à plomb à côté de la pointe du pied droit; le saisir aussitôt de la main droite à hauteur du teton, le talon à trois pouces de terre, la main gauche tombant en même temps derrière l'épée. *Second mouvement.* Laisser glisser le drapeau, le talon à côté de la pointe du pied droit, la main droite contenant toujours le drapeau à hauteur du teton, le coude au corps.
Portez = le drapeau.	1.	2.	*Premier mouvement.* Élever le drapeau de la main droite à hauteur du menton; le saisir de la main gauche à hauteur du ceinturon; l'élever aussitôt de cette main à hauteur du menton, & descendre la main droite pour le saisir à hauteur du ceinturon, le drapeau d'aplomb. *Second mouvement.* Le placer sur la hanche droite dans la situation prescrite pour le porter, la main gauche pendante.
	6.		*Pour saluer du Drapeau en le portant, soit de pied-ferme, soit en marchant.* *Premier temps.* Faire *à droite*, en portant le drapeau perpendiculairement devant soi; l'empoigner de la main gauche à un demi-pied au-dessus de la droite. *Second temps.* Le saisir au talon avec la main droite.

Troisième

ÉNONCÉ DES COMMANDEMENS.	POUR EXÉCUTER.	POUR MONTRER.	EXPLICATION DES MOUVEMENS.
	Temps.	*Mouvemens.*	

Troisième temps.

Baisser la lance à six pouces de terre, en laissant glisser la main gauche à deux pieds de la droite, la main droite à hauteur de l'épaule, les bras tendus.

Quatrième temps.

Relever le drapeau perpendiculairement devant soi ; rapprocher la main gauche à un pied de la droite.

Cinquième temps.

Empoigner le drapeau avec la main droite à un demi-pied au-dessus de la gauche.

Sixième temps.

Faire front en appuyant le talon contre la hanche, & laissant tomber la main pendante.

OBSERVATION.

Lorsqu'on fera ce *salut* en marchant, on exécutera le premier temps au premier pas que fera le pied gauche ; le second temps au second pas que fera le pied droit, & ainsi de suite.

Dans aucun cas, les Officiers & les bas Officiers ne salueront personne du chapeau, qu'ils ne devront ôter que pour le Saint-Sacrement.

Dans les *haltes*, les Officiers & bas Officiers se reposeront sur leurs armes ; les poseront à terre, les reprendront & les reporteront en même temps que la Troupe : on plantera les drapeaux en terre, & on y posera un Sentinelle pour les garder.

Toutes les fois qu'un bataillon sera en parade, on portera le drapeau à la

TITRE II.
ART. 6.

D

ÉNONCÉ DES COMMANDEMENS.	POUR EXÉCUTER.	POUR MONTRER.	EXPLICATION DES MOUVEMENS.
	Temps.	*Mouvemens.*	
TITRE II. ART. 6.			hanche : toutes les fois qu'un bataillon sera en bataille, on portera le drapeau à l'épaule droite, le bras droit alongé, le talon dans la main droite.

Du maniement de l'épée.

Les Officiers de l'État-major porteront l'épée à l'épaule droite, la lame appuyée contre l'épaule, la poignée à hauteur de la hanche.

Lorsque ces Officiers devront saluer de l'épée, soit de pied-ferme, soit en marchant, ils le feront en quatre temps.

Salut de l'épée.

Premier temps.

La personne qu'on devra saluer étant à quatre pas de distance, on élevera l'épée perpendiculairement, la pointe en haut, la lame plate devant soi, la garde vis-à-vis & à un pied de distance de l'épaule droite, le coude un demi-pied plus bas que le poignet.

Second temps.

Baisser doucement la lame de l'épée, de manière que la main soit à côté & vis-à-vis le milieu de la cuisse droite, tourner alors le poignet un peu en dehors ; abaisser la pointe de l'épée fort doucement, & rester dans cette position jusqu'à ce que la personne qu'on aura saluée soit dépassée de deux pas.

Troisième temps.

Relever l'épée la pointe en haut, la tenant comme au premier temps.

Quatrième temps.

Porter l'épée à l'épaule, comme il est prescrit ci-dessus.

(4.)

TITRE III.

ARTICLE PREMIER.

École d'instruction dans chaque Régiment.

LE Commandant de chaque régiment, choisira un Aide-major, qui sera particulièrement chargé, sous l'inspection du Major, de l'École d'instruction.

Le Commandant du régiment nommera un Officier par bataillon, pour aider cet Aide-major lorsque le régiment sera rassemblé, & pour le suppléer dans le cas où les bataillons seroient séparés.

Les recrues seront dressées à cette école, qui sera suivie de manière qu'en six semaines le plus grand nombre des hommes puisse être admis aux compagnies.

Tout Sergent, Caporal, Appointé, Grenadier ou Fusilier qui aura été absent des exercices pendant trois mois ou plus, sera remis à l'école d'instruction pour y être examiné.

Tout Appointé, Grenadier ou Soldat proposé pour être Caporal, tout Caporal proposé pour être Sergent, ne pourra être admis à ce nouveau grade, qu'après avoir passé à l'école d'instruction pour y apprendre à commander.

Tous les nouveaux sujets proposés pour être Officiers, rempliront à cette école les différentes fonctions de Soldat, de Caporal & de Sergent.

Tous les Officiers qui se seront absentés des exercices pendant trois mois ou plus, repasseront à cette école, & seront examinés par le Commandant du régiment, avant d'être admis à commander leurs pelotons.

Les Officiers supérieurs s'y trouveront souvent ; mais un d'eux ou un Chef de bataillon sera commandé pour y être préfent toutes les fois qu'on devra y inftruire un ou plufieurs Officiers plus anciens que celui qui en fera chargé.

Les bas Officiers les plus intelligens, feront choifis pour être Maîtres d'exercice, fous l'infpection de l'Aide-major chargé de l'école d'inftruction, & on obfervera de mettre les recrues, par préférence, entre les mains d'un bas Officier de leur compagnie.

Cette école fera divifée en trois leçons.

ARTICLE 2.

Première Leçon, homme par homme.

Pofition du Soldat.

LES talons joints & pofés fur la même ligne, les pointes des pieds également en dehors, & à la diftance de dix à douze pouces, les jarrets tendus fans les roidir, le corps bien à plomb, les épaules droites, effacées & également tombantes, le haut du corps & la poitrine en avant, le ventre rentré, fans cependant tendre le derrière, les deux mains pendantes & placées à plat, les bras alongés dans toute leur longueur, la tête dégagée des épaules, le cou retiré en arrière, le menton un peu rapproché de la cravate, fans cependant la couvrir, la tête tournée à droite, de manière que l'œil gauche fe trouve dans la direction des boutons de la vefte, le regard fixé fur l'objet qui lui fera indiqué.

On obfervera fur-tout que dans fa pofition il n'éprouve aucune gêne, & on n'emploiera, pour y parvenir, ni le moyen de la planche, ni celui de la muraille.

On

On accoutumera le Soldat à l'immobilité: il la prendra aussitôt qu'on lui fera l'avertissement *garde à vous*; il la conservera jusqu'à l'avertissement *repos*.

Après cette première position, on lui donnera sa giberne, & on lui montrera comme elle doit être placée.

On lui fera exécuter les mouvemens de tête par les commandemens, *tête à gauche*, *tête à droite*.

Tête = à gauche.

A ce commandement, tourner brusquement la tête à gauche, de manière que l'œil droit se trouve dans la direction des boutons de la veste.

Tête = à droite.

La tourner brusquement pour reprendre la première position, sans que le corps bouge, & sans pencher la tête.

Aux premières leçons, l'Instructeur aura attention de faire tourner la tête doucement, pour accoutumer l'homme de recrue à ne pas pencher la tête en la tournant brusquement.

On lui montrera les *à droite*, les *à gauche*, & les *demi-tours à droite*.

A droite . . . . . 1 temps.

Tourner sur le talon gauche, élevant un peu la pointe du pied gauche, rapporter en même temps le talon droit à côté du gauche, & sur le même alignement, sans frapper du pied.

A gauche . . . . . 1 temps.

Tourner aussi sur le talon gauche, rapporter le talon droit à côté du gauche, & sur le même alignement.

Demi-tour = à droite . . . . . 2 temps.

Premier temps.

Porter le pied droit en arrière, le talon droit à trois

E

pouces du gauche, la boucle du pied droit contre le talon gauche, saisir en même temps la giberne par le coin avec la main droite.

Deuxième temps.

Tourner sur les deux talons, les jarrets tendus, en élevant un peu la pointe des pieds; ramener le pied droit sur l'alignement du talon gauche, & lâcher la giberne.

On observera de couper ce commandement de manière que le premier temps s'exécute après l'avertissement *demi-tour*, & le deuxième temps aussitôt après que l'on aura prononcé *à droite*.

Après cette première instruction, on lui fera porter l'arme.

Port de l'arme.

L'arme dans la main gauche, le bras presque alongé de sa longueur, le coude joint au corps sans le serrer, la paume de la main collée contre le plat extérieur de la crosse, le premier doigt sur la vis, le pouce par-dessus, les trois derniers doigts par-dessous le talon de la crosse, qui sera appuyée plus ou moins en avant, suivant la construction de la hanche, de manière que l'arme soit aussi droite qu'il sera possible, la baguette du fusil au défaut de l'épaule, le canon en dehors.

On donnera ensuite à l'homme de recrue les premiers principes du pas.

Pas d'École.

Ce pas sera de deux pieds; il sera plus lent que le pas ordinaire, & d'environ quarante par minute.

Commandemens.

1.

En avant.

2.

Marche.

Au second commandement, porter vivement, mais sans secousse, la jambe gauche en avant ; pousser en même temps la totalité du corps, sans que les épaules tournent ni à droite, ni à gauche ; poser le pied gauche à terre ; le pied gauche prêt à poser, le talon & successivement la pointe du pied droit, quitte la terre. Le pied gauche étant posé, la jambe droite commence à passer lentement, sans que le pied touche la terre ; arrivé à la boucle du pied qui est posé, le jarret commence à se retendre successivement, & à mesure que le corps se pousse en dehors, la pointe du pied un peu relevée & tournée en avant, le pas s'achève en posant à terre toutes les parties du pied en même temps. La marche continue en passant ainsi alternativement les deux jambes.

Attentions que doit avoir l'Instructeur dans le pas d'École.

Que la tête & le corps conservent toujours la position qu'il a donnée ; que l'arme ne vacille point ; que les épaules ne tournent ni à droite ni à gauche ; que le corps & les jambes soient toujours également en mouvement ; que le corps se porte toujours sur la jambe qui pose à terre ; que l'impulsion du corps soit proportionnée au degré de vîtesse de la marche ; que l'Instructeur indique de temps en temps cette vîtesse à l'homme de recrue, en marchant quelquefois lui-même un peu en avant de lui ; que les jambes ne croisent point l'une sur l'autre.

Halte.

Finir le pas commencé, en rapportant vivement & sans frapper le pied à côté de celui qui est à terre, & tourner la tête à droite, si elle étoit à gauche en marchant, cette position devant toujours être celle du Soldat de pied-ferme, à moins qu'il ne lui soit fait un commandement contraire.

Le commandement *halte* se fera indistinctement sur l'une ou l'autre jambe.

ARTICLE 3.

Deuxième Leçon.

LE Soldat ayant reçu seul les principes de la position du corps & du pas d'école, & ayant acquis l'aplomb nécessaire, on pourra réunir trois hommes, mais jamais un plus grand nombre, parmi ceux qui seront également avancés ; ils seront exercés au pas de manœuvre, tantôt en rang, tantôt en file, leur donnant alors les premiers principes de l'alignement en rang & en file, comme ils seront indiqués à la troisième leçon.

Pas ordinaire.

Le pas ordinaire sera de deux pieds, & sa durée de quatre-vingts pas à la minute ; il s'exécutera sur les mêmes principes que le pas d'école, en observant sur-tout que le corps se porte continuellement en avant, & que son impulsion détermine constamment le mouvement des jambes.

Pas par le flanc.

Le pas de flanc sera de deux pieds ; il s'exécutera sur les mêmes principes, excepté que le jarret sera un peu moins tendu, & que le haut du corps se portera encore plus décidément en avant.

Marche de flanc.

Les trois hommes étant sur un rang, joints bras à bras, on leur fera faire *à droite* ou *à gauche*.

Au commandement *marche*, la file marchera en avant.

Attentions

Attentions du bas Officier dans la marche de flanc.

Que le Soldat porte le corps en avant au commandement *marche;* que chaque homme conserve toujours exactement l'intervalle qui le sépare de son chef-de-file, après avoir fait *à droite* ou *à gauche,* suppofant chaque homme joint bras à bras à fon voifin lorfqu'il étoit en rang; que, pendant la marche, le corps foit toujours en mouvement; que les jambes paffent également; que le pas ne foit jamais moins long que de deux pieds.

Pas oblique.

Le pas oblique fera alongé le plus qu'il fera poffible, fuivant le degré d'obliquité dans lequel on marchera.

Au commandement
$$\begin{cases} \textit{Oblique à droite} = \textit{marche.} \\ \qquad\qquad \textit{ou} \\ \textit{Oblique à gauche} = \textit{marche.} \end{cases}$$

Marcher obliquement à droite ou à gauche, laiffant toujours la tête tournée du côté où elle fe trouve.

En avant = *marche.*

Le Soldat marchera droit devant lui.

Attentions de l'Inftructeur dans la marche oblique.

Déterminer lui-même l'obliquité de la *marche;* exiger que les trois hommes appuient en même temps *à droite* ou *à gauche;* que les épaules reftent carrément; prendre garde fur-tout que l'épaule oppofée au côté vers lequel on appuie, n'avance hors du rang; que les trois hommes reftent joints bras à bras, du côté de l'alignement.

On exercera fréquemment les Soldats à raccourcir, & fur-tout à alonger ces différens pas.

F

Pour le raccourcir, on commandera :

Petit pas $=$ *marche.*

Marcher le pas d'un pied. Ce pas se fera également en arrière ; mais on ne s'en servira que pour faire reculer quatre ou cinq pas une troupe qui se trouveroit trop en avant.

Pour l'alonger, on commandera :

Alongez $=$ *marche.*

Marcher le pas de deux pieds & demi.

Ces deux différens pas pourront être raccourcis, suivant le besoin : la mesure en sera alors déterminée par l'Instructeur, qui se placera de temps en temps à côté des hommes de recrue, à leur droite ou à leur gauche, suivant le côté vers lequel ils auront la tête tournée. On accoutumera les Soldats à marquer le *pas*, sans avancer, par le commandement,

Marquez le pas.

Rapporter le talon de la jambe en mouvement, à côté de celui qui est à terre, jusqu'au commandement *halte*, ou jusqu'au commandement *en avant* $=$ *marche*, qui se fera indistinctement sur l'une ou l'autre jambe.

Pas redoublé.

Le pas redoublé sera de cent quarante à la minute ; il s'exécutera sur les mêmes principes : on accoutumera le Soldat à l'accélérer jusqu'à cent soixante par minute, pour les mouvemens de conversion.

On exercera le Soldat à passer du pas ordinaire au pas redoublé, & du pas redoublé au pas ordinaire.

Pas redoublé $=$ *marche.*

ou

Pas ordinaire $=$ *marche.*

Prendre le pas redoublé, ou le pas ordinaire, suivant le commandement,

On exercera le Soldat à passer du pas en avant au pas oblique, & du pas oblique au pas en avant, par les commandemens indiqués ci-dessus.

Le Soldat ayant marché ces différens pas, on lui montrera le maniement des armes, dans l'ordre ci-après.

Maniement des armes.

Le maniement des armes sera montré aux trois hommes ensemble, d'abord *en rang*, ensuite *en file*.

Les temps seront divisés en mouvemens, pour montrer au Soldat le mécanisme de chaque temps.

La dernière syllabe du commandement, décidera l'exécution du premier mouvement: le commandement *deux, trois*, décidera l'exécution de tous les autres.

Lorsque le Soldat connoîtra la position de chaque mouvement d'un temps, on lui montrera aussitôt à exécuter ce temps, sans s'arrêter sur les différens mouvemens.

EXERCICE

De la Charge en douze temps.

ÉNONCÉ DES COMMANDEMENS.	POUR EXÉCUTER.	POUR MONTRER.	EXPLICATION DES MOUVEMENS.
	Temps.	*Mouvemens.*	
TITRE III. ART. 3.			
I. *Chargez = vos armes.*	I.	2.	*Premier mouvement.* FAIRE *demi à droite* fur le talon gauche; placer le pied droit en équerre derrière le talon gauche, la boucle appuyant au talon; tourner en même temps la platine en deffus avec la main gauche; faifir la poignée du fufil avec la main droite. *Second mouvement.* Abattre l'arme avec la main droite, lâchant la main gauche, qui vient en même temps faifir l'arme à la première capucine, le pouce alongé le long du bois, la croffe fous le bras droit, le bout du canon à hauteur de l'œil, la fougarde un peu en dehors, le coude gauche appuyé fur le côté: en même temps que l'arme tombe dans la main gauche, le pouce de la main droite fe place contre la batterie au-deffus du chien, les quatre autres doigts de la main fermés, l'avant-bras droit le long de fa croffe.
2. *Ouvrez = le baffinet.*	I.	I.	Ouvrir la batterie en la pouffant fortement avec le pouce de la main droite; porter la main à la giberne, & l'ouvrir.
3. *Prenez = la cartouche.*	I.	I.	Prendre une cartouche, la tenir entre le pouce & les deux premiers doigts, la porter tout de fuite entre les dents, la main droite paffant entre la croffe & le corps.
4. *Déchirez = la cartouche.*	I.	I.	Déchirer la cartouche jufqu'à la poudre, la tenant près de l'ouverture entre le pouce & les deux premiers doigts, la defcendre tout de fuite fur le baffinet.

Baiffer

11. Juin 1774.

56.

ÉNONCÉ DES COMMANDEMENS.	POUR EXÉCUTER.	POUR MONTRER.	EXPLICATION DES MOUVEMENS.
	Temps.	*Mouvemens.*	TITRE III. ART. 2.
5. *Amorcez.*	1.	1.	Baiffer la tête ; porter l'œil fur le baffinet ; le remplir de poudre ; refferrer la cartouche près de l'ouverture, avec le pouce & le premier doigt ; relever la tête ; porter la main droite derrière la batterie, en appuyant les deux derniers doigts deffus.
6. *Fermez = le baffinet.*	1.	1.	Fermer fortement le baffinet avec les deux derniers doigts, tenant toujours la cartouche dans les deux premiers ; faifir tout de fuite la poignée du fufil avec les deux derniers doigts & la paume de la main droite.
7. *L'arme = à gauche.*	1.	2.	*Premier mouvement.* Redreffer l'arme, en étendant fortement le bras droit de fa longueur ; tourner en même temps la baguette vers le corps ; couler la main gauche jufqu'à la feconde capucine, & faire face en tête en portant le pied droit en avant, le talon contre la boucle du pied gauche. *Second mouvement.* Lâcher alors le fufil de la main droite, pour la remonter à hauteur & à un pouce du bout du canon ; defcendre l'arme avec la main gauche le long & près du corps ; pofer la croffe à terre vis-à-vis & à quatre pouces de la boucle du pied gauche, la main gauche appuyée à la boucle du ceinturon.
8. *Cartouche = dans le canon.*	1.	1.	Porter l'œil fur le bout du canon ; tourner brufquement la main droite pour renverfer la poudre ; fecouer la cartouche, & laiffer la main renverfée.
9. *Tirez = la baguette.*	1.	2.	*Premier mouvement.* Baiffer vivement le coude droit, &

G

ÉNONCÉ DES COMMANDEMENS.	POUR EXÉCUTER.	POUR MONTRER.	EXPLICATION DES MOUVEMENS.
TITRE III. **ART. 3.**	*Temps.*	*Mouvemens.*	saisir la baguette entre le pouce alongé & le premier doigt ployé ; chasser tout de suite la baguette à moitié hors des tenons ; renverser vivement la main droite, le pouce en bas, le coude droit élevé, pour saisir la baguette près des tenons ; achever de la tirer dans la même direction, en étendant le bras de toute sa longueur.
			Second mouvement.
			Tourner la baguette, le bras tendu, chaque Soldat en avant de lui, la baguette des deuxième & troisième rangs rasant l'épaule droite de leur chef-de-file ; porter le gros bout dans le canon, la faire entrer jusqu'à la main.
10. *Bourrez.*	1.	1.	Étendre le bras de sa longueur, en remontant la main droite pour saisir la baguette, avec le pouce alongé, le premier doigt ployé & les autres fermés ; la chasser avec force dans le canon, & la resaisir par le petit bout avec le pouce & le premier doigt, le coude droit joint au corps.
11. *Remettez* = *la baguette.*	1.	2.	*Premier mouvement.*
			Chasser vivement la baguette à moitié hors du canon, descendre la main au bout du canon, la main renversée, le pouce en bas, le coude élevé à hauteur du poignet ; achever de la tirer & rester le bras tendu.
			Second mouvement.
			La tourner comme il est expliqué au neuvième temps, pour apporter le petit bout dans les tenons ; la faire glisser le long des tenons, & l'enfoncer tout de suite, en plaçant sur le gros bout la main un peu ployée.

ÉNONCÉ DES COMMANDEMENS.	POUR EXÉCUTER.	POUR MONTRER.	EXPLICATION DES MOUVEMENS.
	Temps.	*Mouvemens.*	
12. Portez ═ vos armes.	1.	3.	TITRE III. ART. 3.

Premier mouvement.

Élever l'arme le long du corps avec la main gauche, le petit doigt à hauteur de l'œil, le canon en dehors ; abaisser la main droite pour faisir l'arme à la poignée ; alonger le pouce sur la contre-platine.

Second temps.

Lâcher alors la main gauche & la porter sous la crosse, rapportant le pied droit à côté du gauche & sur le même alignement. Dans cette position, l'arme est d'aplomb dans la main gauche, & le bec de la crosse appuyé à la hauteur ordonnée pour le port d'armes, le canon en dehors & vis-à-vis le défaut de l'épaule gauche.

Troisième mouvement.

Pousser l'arme avec la main droite, pour la placer contre l'épaule gauche, & laisser vivement tomber la main le long de la cuisse.

Le temps d'apprêter les armes se montrera aux trois rangs, en deux mouvemens.

Position du premier rang.

Apprêtez ═ vos armes.	1.	2.	

Premier mouvement.

Tourner la pointe du pied gauche en dedans, jusqu'à ce qu'elle soit droite en avant ; porter vivement le pied droit en arrière, le talon en l'air, reculant en même temps le corps qui se trouve alors porté sur la pointe du pied droit & sur la jambe gauche, dont le genou est un peu ployé : tourner en même temps l'arme avec la main gauche, la platine en dessus ;

ÉNONCÉ DES COMMANDEMENS.	POUR EXÉCUTER.	POUR MONTRER.	EXPLICATION DES MOUVEMENS.
TITRE III. ART. 3.	*Temps.*	*Mouvemens.*	la faifir à la poignée avec la main droite; lâcher auffi-tôt la main gauche; apporter l'arme de la main droite, en la defcendant un peu, vis-à-vis la cuiffe droite; la reprendre de la main gauche à la première capucine, en lâchant la main droite, qui vient faifir la tête du chien avec le premier doigt & le pouce.

Second mouvement.

Pofer le genou droit à terre, à dix ou douze pouces du talon gauche, fix pouces fur le côté; appuyer à terre, avec la main gauche fans frapper, le talon de la croffe fur l'alignement du talon gauche & du genou droit, l'arme droite ainfi que le corps, la croffe pofée à terre; armer auffi-tôt, en appuyant le pouce fur la tête du chien.

Pofition du deuxième rang.

Premier mouvement.

Comme le premier mouvement du premier temps de *Chargez les armes.*

Second mouvement.

Placer la main gauche en frappant, le petit doigt joignant le reffort de batterie, le pouce alongé le long du bois & à hauteur du menton, la contre-platine tournée vers le corps; porter en même temps le pouce de la main droite fur la tête du chien, le premier doigt au-deffus de la fougarde, les trois autres doigts au-deffous; fermer vivement le coude droit en armant, & faifir la poignée.

Pofition du troifième rang.

Premier mouvement.

Comme le fecond rang, à l'exception
que

11. Juin 1774.

ÉNONCÉ DES COMMANDEMENS.	POUR EXÉCUTER.	POUR MONTRER.	EXPLICATION DES MOUVEMENS.	
	Temps.	*Mouvemens.*	que le pied droit se porte à six pouces du talon gauche sur le même alignement.	TITRE III. ART. 3.

Second mouvement.

Comme le deuxième rang.

En = *joue.*	I.	I.	Appuyer la crosse contre l'épaule droite, le coude droit serré au corps ; fermer l'œil gauche ; diriger l'œil droit le long du canon : baisser la tête sur la crosse pour ajuster.

Le premier rang.

En alongeant vivement le bras gauche à hauteur de l'épaule, le premier doigt & le pouce de la main droite tenant la tête du chien pour faire faire la bascule à l'arme.

Les deuxième & troisième rangs.

En abaissant vivement le bout du canon, glisser la main gauche à la première capucine, dans les trois rangs ; placer le premier doigt sur la détente, le premier rang tirant horizontalement, & les deux derniers abaissant un peu le bout du fusil.

Feu	I.	2.	*Premier mouvement.*

Appuyer avec force le premier doigt sur la détente, sans baisser davantage la tête, & rester dans cette position.

Second mouvement.

Se relever brusquement ; & tous les trois rangs retireront vivement leurs armes, la crosse sous le bras droit, pour prendre la position du deuxième mouvement du premier temps de la *charge* ; à l'exception que le pouce & le premier doigt de la main droite, qui sera fermée,

H

ÉNONCÉ DES COMMANDEMENS.	POUR EXÉCUTER.	POUR MONTRER.	EXPLICATION DES MOUVEMENS.
	Temps.	*Mouvemens.*	
TITRE III. **ART. 3.**			saisiront la tête du chien pour le remettre au repos.
Le chien ═ au repos.	I.	I.	Relever le chien jusqu'au cran du repos; porter la main à la giberne & l'ouvrir.
			Si, après avoir fait *feu*, on ne veut point faire *charger les armes*, on commandera aussitôt après, *portez ═ vos armes*. Le Soldat mettra le chien au repos, fermera le bassinet, & portera l'arme.
Présentez ═ vos armes.	I.	2.	*Premier mouvement.*
			Tourner la platine en dessus avec la main gauche; saisir la poignée avec la main droite, l'arme d'aplomb.
			Second mouvement.
			Détacher l'arme de l'épaule; l'abandonner en même temps de la main gauche, pour achever de la tourner avec la droite; la porter à plomb vis-à-vis l'œil gauche, la baguette en avant, le chien à hauteur du ceinturon, la main droite empoignant l'arme au-dessous & contre le chien & la sougarde; la saisir en frappant avec la main gauche; placer le petit doigt contre le ressort de batterie, le pouce alongé le long du canon contre la monture, l'avant-bras collé au corps sans être gêné; rester face en tête, & retirer le pied droit en équerre derrière le gauche, la boucle contre le talon.
Portez ═ vos armes.	I.	2.	*Premier mouvement.*
			Rapporter le pied droit, en frappant, à côté du gauche; tourner l'arme avec la main droite, le canon en dehors vis-à-vis de l'épaule gauche; descendre la main gauche sous la crosse.

ÉNONCÉ DES COMMANDEMENS.	POUR EXÉCUTER.	POUR MONTRER.	EXPLICATION DES MOUVEMENS.
	Temps.	*Mouvemens.*	*Second mouvement.* Achever de porter l'arme. *Inspection des armes.*

TITRE III.
ART. 3.

La position du Soldat reposé sur l'arme sera toujours la main basse, le canon entre le premier doigt & le pouce, ces deux doigts alongés le long de la monture, les trois autres doigts alongés de même, le bout du canon à deux pouces de l'épaule, la baguette en avant, le talon de la crosse contre la pointe du pied.

1.
Garde = *à vous.*
2.
Inspection = *des armes.* | 1. | 1. |

Faire *à droite* sur le talon gauche, en apportant le talon droit à côté du gauche & sur le même alignement; saisir l'arme de la main gauche à hauteur du ceinturon; incliner le bout du canon en arrière, le talon de la crosse ne bougeant point, la baguette tournée vers le corps; porter aussitôt la main droite à la baïonnette, en écartant un peu l'arme du corps; l'arracher du fourreau, la porter & la placer au bout du canon, en rapprochant l'arme du corps; saisir aussitôt la baguette entre le pouce & le premier doigt; la tirer comme il est expliqué à la *charge en douze temps;* la laisser glisser dans le canon, & faire face en tête aussitôt, pour reprendre la première position.

Si on ne veut faire mettre que la baïonnette, on commandera:

Mettre la baïonnette au bout du canon, & aussitôt faire face en tête.

Si, la baïonnette étant au canon, on veut faire mettre la baguette dans le canon pour faire l'inspection des armes après avoir tiré, on commandera:

Baguette = *dans le canon.* | 1. | 1. | Mettre la baguette dans le canon, & faire aussitôt face en tête.

ÉNONCÉ DES COMMANDEMENS.	POUR EXÉCUTER.	POUR MONTRER.	EXPLICATION DES MOUVEMENS.
	Temps.	*Mouvemens.*	
TITRE III. **ART. 3.**			Alors chaque Officier prendra successivement l'arme du Soldat devant lequel il passera, & la lui rendra après l'avoir examinée.
Ouvrez = la giberne.	1.	1.	Porter la main gauche à la giberne, & l'ouvrir.
Fermez = la giberne.	1.	1.	Laisser retomber le couvercle de la giberne, la main gauche tombant pendante sur le côté.
			L'inspection finie, on commandera :
Remettez = la baguette.	1.	1.	Prendre la position indiquée au commandement *inspection des armes ;* remettre la baguette en son lieu, comme il est expliqué à la *charge en douze temps,* & faire aussitôt face en tête.
Portez = vos armes.	1.	2.	*Premier mouvement.*
			Élever l'arme de la main droite, en la portant vis-à-vis l'épaule gauche, la faisant tourner, pour que le canon se trouve en dehors ; placer en même temps la main gauche sous la crosse, & laisser couler la droite quatre doigts au-dessus de la batterie.
			Second mouvement.
			Achever de la porter.
Reposez-vous = sur vos armes.	1.	2.	*Premier mouvement.*
			Alonger le bras gauche ; saisir l'arme avec la main droite au-dessus de la première capucine ; lâcher la main gauche, & porter l'arme tout de suite à droite, la crosse à trois pouces de terre, la baguette en dehors.
			Second mouvement.
			Laisser glisser la crosse à terre, pour prendre la position indiquée avant le premier commandement de l'inspection.

Premier

11. juin 1774

ÉNONCÉ DES COMMANDEMENS.	POUR EXÉCUTER.	POUR MONTRER.	EXPLICATION DES MOUVEMENS.
	Temps.	*Mouvemens.*	
Posez vos armes ⹀ à terre.	1.	2.	*Premier mouvement.*

Tourner l'arme de la main droite, la contre-platine en avant; saisir la bretelle de la giberne avec la main gauche; courber le corps brusquement; avancer le pied gauche; poser l'arme à terre avec la main droite, droit devant soi, le talon de la crosse restant toujours à hauteur de la pointe du pied droit, le jarret droit tendu, le talon gauche vis-à-vis la première capucine.

Second mouvement.

Se relever sans ployer le jarret droit; rapporter le pied gauche à côté du droit; laisser tomber la main gauche pendante.

Reprenez ⹀ vos armes.	1.	2.	*Premier mouvement.*

Comme le premier mouvement de *poser l'arme à terre.*

Second mouvement.

Relever l'arme; & aussitôt que le pied gauche est arrivé à côté du droit, tourner l'arme avec la main droite, la baguette en avant, la main gauche tombant pendante.

Portez ⹀ vos armes.	1.	2.	*Premier & Second mouvemens.*

Comme ci-dessus.

Portez l'arme ⹀ au bras.	1.	3.	*Premier mouvement.*

Empoigner l'arme en frappant à quatre pouces au-dessous de la platine, sans tourner le fusil.

Second mouvement.

Quitter la crosse de la main gauche; placer l'avant-bras gauche étendu sur la poitrine contre le chien.

TITRE III.
ART. 3.

I

ÉNONCÉ DES COMMANDEMENS.	POUR EXÉCUTER.	POUR MONTRER.	EXPLICATION DES MOUVEMENS.
	Temps.	*Mouvemens.*	*Troisième mouvement.*
			Laisser tomber la main droite pendante.
Portez = vos armes.	1.	3.	*Premier mouvement.*
			Porter la main droite en frappant à la poignée de l'arme.
			Second mouvement.
			Placer la main gauche en frappant sous la crosse, pour fixer l'arme dans la position ordinaire.
			Troisième mouvement.
			Laisser tomber la main droite pendante.

TITRE III.
ART. 3

Attentions que doit avoir le Maître d'Exercice, en montrant le maniement des armes.

Exécuter lui-même chaque mouvement qu'il montre, avant de le faire exécuter, afin de joindre l'exemple au précepte.

Aussitôt que les hommes de recrue sauront les mouvemens d'un temps, leur montrer le temps en l'exécutant lui-même devant eux, sans s'arrêter sur les mouvemens; leur faire recommencer les mouvemens, s'ils n'en ont pas bien saisi l'exécution; faire conserver la position du corps & de la tête; exiger vivacité dans l'exécution, immobilité après chaque mouvement ou chaque temps, précision dans les positions; avoir attention que les bras seuls agissent, que l'arme passe toujours le plus près possible du corps; montrer à chaque homme la position des trois *rangs* pour l'exécution des *feux.*

ARTICLE 4.

Troisième Leçon.

ON passera ensuite à la charge précipitée, qui sera divisée en quatre temps principaux.

Charge précipitée.

Chargez = vos armes.

Faire le premier temps de la *charge*, découvrir le bassinet, prendre la cartouche, la déchirer & amorcer.

2.

Fermer le bassinet, passer l'arme à gauche, mettre la cartouche dans le canon.

3.

Tirer la baguette, la mettre dans le canon, & bourrer.

4.

Sortir la baguette, la remettre, & porter l'arme.

On montrera ensuite la *charge à volonté*, qui s'exécutera comme la *charge précipitée*, sans s'arrêter sur les quatre temps marqués.

On montrera ensuite l'exécution des *feux*.

Commandemens pour les feux.

1.

Peloton.

2.

Armes.

3.

Joue.

4.

Feu.

Ces commandemens s'exécuteront comme il est prescrit *Titre III, article 3.*

On donnera les principes d'*alignement* & de *converſion.*

Commandemens pour l'alignement.

Alignez — vous.

On s'alignera du côté vers lequel on aura la tête tournée.

A droite = alignez - vous.

Si on a la tête à gauche, on la tournera vivement à droite, & on s'alignera à droite.

A gauche = alignez - vous.

Ayant la tête à droite, on la tournera bruſquement à gauche, & on s'alignera à gauche.

Sur le centre = alignez - vous.

On tournera la tête vers le centre, & on s'y alignera.

Principes d'alignement de pied-ferme.

Conſerver la poſition du corps & de la tête, telle qu'elle a été donnée dans la première leçon; joindre l'homme qui eſt à côté de ſoi, s'aligner à lui, de manière à ne découvrir que la ſuperficie de la poitrine du Soldat dont on eſt ſéparé; prendre l'alignement ſucceſſivement d'homme à homme avec la plus grande vivacité.

Principes généraux des mouvemens de converſion.

Tous les mouvemens de converſion ſe feront toujours au pas redoublé.

On fera le commandement *halte,* auſſitôt que le mouvement de converſion ſera achevé, & celui de *marche* pour reprendre le pas ordinaire.

Commandemens pour les mouvemens de conversion. TITRE III.
ART. 4.

I.

Par peloton, { à droite, ou à gauche.

2.

Marche.

3.

Halte.

4.

Marche.

Au second commandement, prendre le pas redoublé ; tourner brusquement les têtes vers l'aile qui marche, que conduira le Maître d'exercice ; en suivre tous les mouvemens pour conserver l'alignement ; ne point quitter le coude du côté du pivot, qui ne fera que tourner sur le talon gauche ; résister à la pression contre le côté qui marche : l'homme de l'aile marchante tournera seul la tête du côté du pivot.

Au troisième commandement, arrêter & tourner la tête à droite.

Au quatrième commandement, reprendre le pas ordinaire, qui seroit précédé du commandement *tête à gauche*, si, après le mouvement de conversion, on devoit marcher en avant, la tête tournée à gauche.

Mouvemens de conversion par files.

Les trois hommes sur un rang, on commandera :

I.

À droite,
ou
à gauche.

2.

Par file, { à droite, ou à gauche.

K

3.
Marche.

Au premier commandement, ils feront *à droite* ou *à gauche*, comme ci-deſſus.

Le deuxième commandement ne ſervira que d'avertiſſement.

Au troiſième commandement, la file ſera un mouvement de converſion au pas, & dans la direction qu'indiquera le bas Officier, qui, dans tous les mouvemens de converſion par file, conduira toujours ſon premier homme, en ſe plaçant à côté de lui, les deux autres ſuivant leur chef-de-file.

On leur montrera à ouvrir & ſerrer les rangs, comme il ſera preſcrit au *Titre V, article 2.*

Lorſque le Commandant de l'École d'inſtruction aura pluſieurs files inſtruites, il les réunira pour en former des pelotons, qui n'excéderont jamais dix files; il les exercera lui-même, ou les ſera exercer par un des Officiers deſtinés à l'aider; on attachera à ces pelotons des Officiers & bas Officiers qui ſeront à l'École d'inſtruction.

On leur ſera exécuter alors tout ce qui va être preſcrit au *Titre IV* de l'*Inſtruction des Compagnies.*

On pourra réunir deux de ces pelotons, mais jamais un plus grand nombre.

ARTICLE 5.

De l'École des Tambours.

LE Tambour-major ſera chargé de l'inſtruction des Tambours, & en ſera reſponſable à l'Aide-major chargé de l'École d'inſtruction, & à l'Aide-major de ſon bataillon. Le plus ancien Tambour de chaque bataillon répondra de ceux de ſon bataillon, ſi les bataillons ſont ſéparés.

Cette inſtruction doit embraſſer la tenue, la marche & la manière dont les Tambours doivent battre toutes les batteries avec préciſion.

On ſuivra la marche & les batteries réglées en 1754 pour l'Infanterie françoiſe, & les règlemens particuliers envoyés aux régimens étrangers.

L'uſage des batteries eſt prohibé dans les Écoles d'inſtruction & dans les manœuvres; on ne s'en ſervira même dans la *marche en bataille*, que lorſque cela ſera expreſſément ordonné.

TITRE III.
ART. 4.

TITRE IV.

De l'Inſtruction particulière des Compagnies.

ARTICLE PREMIER.

De l'Alignement, de la Charge & des Feux.

LE Capitaine exercera lui-même ſa compagnie.

Tout Officier, de quelque grade qu'il puiſſe être, qui ne ſera pas en état de commander ſa troupe, ſera remplacé par un autre, & envoyé par le Commandant à l'Ecole d'inſtruction.

Une troupe qui ſera vue par un Officier ſupérieur, ſoit à rangs ouverts, ſoit à rangs ſerrés, aura la tête à droite, à moins que la perſonne qui devra la voir, ne vienne de la gauche; auquel cas on lui fera le commandement

Tête ═ à gauche.

Au commandement *en avant*, dans la *marche en bataille*, les compagnies qui doivent être pelotons de *droite* dans le bataillon, tourneront la tête à gauche: les compagnies qui doivent être pelotons de *gauche*, auront la tête à droite; elles obferveront l'inverfe, lorfqu'elles marcheront par le dernier rang.

La compagnie étant arrivée fur le terrein où elle devra exercer, le Commandant fera ouvrir les rangs, comme il eft dit au *Titre V, article 2.*

Le Capitaine, le Lieutenant & le Sous-lieutenant, fe porteront à la droite de chaque rang, pour rectifier l'alignement.

On exercera les Soldats à s'aligner très-promptement; & pour cet effet on changera la direction des premières files du premier rang. Le Lieutenant & le Sous-lieutenant aligneront les fecond & troifième rangs parallèlement au premier.

Après avoir pris quelques alignemens, on fera *préfenter les armes.*

On fera exécuter la *charge en douze temps,* & la *charge précipitée.*

On fera *ferrer les rangs,* & on exécutera la *charge à volonté* & les *feux.*

Attentions du Commandant de Compagnie, en exerçant de pied-ferme.

LE Commandant de compagnie, obfervera que le Soldat prenne fon alignement avec la plus grande vivacité; qu'il joigne bras à bras l'homme qui eft à côté de lui; qu'il conferve exactement la pofition prefcrite dans la première leçon.

Dans la *charge en douze temps,* il examinera fcrupuleufement le Soldat fur les pofitions, fur la vivacité de l'exécution de chaque temps & fur l'immobilité après chaque temps.

Dans la *charge précipitée,* il examinera le Soldat fur la pofition des quatre temps principaux.

Dans

Dans la *charge à volonté*, il renverra à l'École d'inftruction le Soldat qui finit habituellement le dernier,
ou qui ne paffe pas exactement par tous les temps
de la *charge*.

Dans les *feux*, il examinera l'emboîtement; mettra
entre le commandement *armes* & le commandement
joue, le temps fuffifant pour que le Soldat ait armé;
obligera le Soldat à vifer, en couchant *en joue*, & à
regarder le bout du canon.

Il fera fouvent le commandement *re = mettez-vous*,
fans avertiffement, & après avoir commandé *joue*, le
commandement *feu*, auffi fans avertiffement, exa-
minant par lui-même ou par les ferre-files, fi le chien
eft abattu après ce commandement, ou fi le Soldat
a tiré lorfqu'on a fait celui de *re = mettez-vous*.

Dans tous les exercices de détail, les chiens feront
garnis en bois.

Si, après cet exercice, on ne doit point tirer à
poudre, chaque Soldat aura dans fa giberne trois
cartouches de bois.

Si on doit tirer à poudre, on ne portera point de
cartouches de bois.

Si, après avoir exercé en détail par compagnie,
on doit faire tirer à poudre, par compagnie ou par
régiment, les chiens ne feront armés de pierres,
que lorfque le détail fera fini.

On fera ufage de pierres & cartouches de bois
dans les premières Écoles.

Lorfque les chiens feront armés de pierres, on
aura foin que les angles en foient arrondis.

Tous ces objets feront partie de l'infpection que
tout Commandant doit faire de fa troupe avant de
fortir du quartier.

TITRE IV.
Art. 1.

L

ARTICLE 2.

De la Marche.

LE troifième Sergent de chaque compagnie, fe placera à la droite ou à la gauche du premier rang, ayant derrière lui, au troifième rang, le premier Sergent dans les pelotons de gauche qui doivent marcher, avec la tête à droite; le fecond Sergent dans les pelotons de droite qui doivent marcher, avec la tête à gauche, fuivant la pofition que doivent avoir les compagnies dans le bataillon.

Au commandement *en avant*, le troifième Sergent fe portera quatre pas en avant, pour figurer les drapeaux, & fera remplacé au premier rang par le Sergent qu'il aura derrière lui, & qui repréfentera alors le centre du bataillon.

Le Commandant indiquera, fur le prolongement des deux têtes de ces Sergens, le point de vue qui doit fervir de direction dans la marche.

Le Sergent du premier rang, maintiendra le troi-fième Sergent dans le point de vue.

Au commandement *marche*, le peloton fe portera en avant, en fe conformant exactement à la direction & à l'alignement du Sergent repréfentant le centre.

Attentions des Chefs de peloton dans la marche en avant.

LE Chef de peloton doit avoir attention que le point de vue qu'il a indiqué, foit continuellement obfervé; que le Sergent qui eft au premier rang, y maintienne celui qui eft en avant:

Que la totalité du rang pouffe le corps en avant; que les épaules ne tournent ni à droite, ni à gauche; que les files foient jointes bras à bras fans ferrer; que les derniers rangs conservent toujours la distance d'un pied, qui doit les séparer de leur chef-de-file; que le pas soit constamment de la longueur & de la vîtesse ordonnée.

Si, dans un terrein difficile, le Soldat perd le pas, il doit le reprendre sur le champ, en jetant les yeux sur celui qui le marque.

Le chef de peloton doit se porter par-tout, aux ailes, au centre, marquer le pas lui-même de temps en temps.

Il fera rester sa troupe en mouvement, sans avancer, par le commandement *marquez = le pas;* il le fera quelquefois raccourcir, souvent alonger; exigera alors que le corps se porte encore plus décidément en avant.

Il remédiera aux plus petits défauts dans l'aligne-ment, & fera tous ses commandemens d'un ton ferme, bref & de toute l'étendue de sa voix.

Attentions dans la marche oblique.

IL déterminera lui-même l'obliquité de la marche; exigera que le peloton entier appuie en même-temps à droite ou à gauche; que les épaules restent car-rément.

Il prendra garde sur-tout que l'épaule opposée au côté vers lequel on appuie, n'avance hors du rang; que les files restent jointes bras à bras du côté de l'alignement.

Il fera quitter le point de vue aux Sergens qui figurent les drapeaux, dès que la marche oblique commencera, & en indiquera un autre dès qu'il fera le commandement *en avant = marche.*

Il fera ouvrir quelquefois les rangs, en marchant à deux pas de distance, comme il est détaillé au

Titre V, article 2, pour examiner plus en détail les positions.

Les Lieutenant & Sous-lieutenant se porteront alors à la droite ou à la gauche des deuxième & troisième rangs.

Les Sergens rentreront en serre-files, à l'exception du premier Sergent qui restera à la droite du premier rang.

Si, en marchant à rangs ouverts, il veut faire exécuter des mouvemens de conversion, il commandera : *par peloton = à droite,* ou *à gauche.* A ce commandement les rangs serreront avec la plus grande vivacité ; dès qu'ils seront serrés, il commandera : *marche.*

Le peloton conversera au pas redoublé, la tête vers l'aile qui marche, le rang aligné à tous les instans de la conversion, que le Commandant n'arrêtera que lorsqu'il le jugera à propos.

Voulant arrêter la conversion, il commandera *halte & marche.* A ce commandement, les deuxième & troisième rangs ouvriront leurs rangs, ainsi qu'il est expliqué au *Titre V, article 2.*

Mais si la tête doit tourner à gauche après avoir arrêté le mouvement de conversion, il commandera : *tête à gauche, marche.*

Il fera marcher tous les différens pas, ainsi qu'il a été prescrit au *Titre III, articles 3 & 4.*

Attentions dans la marche de flanc.

Il observera qu'elle s'exécute au pas ordinaire & au pas redoublé ; que toutes les files partent en même-temps, en poussant le corps en avant, au commandement *marche,* & que chaque homme conserve toujours cette impulsion : il ne souffrira point d'alongement entre les files ; il observera que la première

file

file soit toujours conduite par un Officier ou Sergent placé à côté d'elle.

Il sera marcher alternativement par le flanc droit & par le flanc gauche.

Attentions dans les mouvemens de conversion par files.

IL observera que la première file suive exactement l'Officier placé à côté d'elle; que chaque file tourne sans arrêter.

On fera exécuter au peloton le passage de l'obstacle, en se conformant, pour les commandemens & l'exécution, à ce qui sera prescrit au *Titre X* de la *Marche en bataille, article 3.*

Lorsque les compagnies auront été suffisamment exercées séparément, on réunira les deux pelotons d'une même division, qui seront commandés par le Chef de division, & exercés ensemble à la *marche de front.*

Cette division se rompra aussi à droite ou à gauche par peloton, se reformera par les mouvemens contraires. Lorsque ces deux pelotons marcheront en colonne l'un derrière l'autre, l'Officier du peloton qui aura la tête, marchera sur un point de vue indiqué; l'Officier du second peloton, ainsi que celui du premier, placé au pivot par lequel on devra se reformer, maintiendra l'Officier du premier sur le point de vue.

Lorsqu'on réunira deux ou un plus grand nombre de pelotons, & que, marchant l'un derrière l'autre à rangs ouverts ou à rangs serrés, ils devront faire des mouvemens de conversion successivement sur le terrein du premier peloton; ces mouvemens de conversion s'exécuteront toujours à un pas double de celui que marchoit la colonne.

La converſion étant faite, le chef de peloton commandera *halte*, & portera la plus grande attention à commander *marche*, au moment où il aura ſa diſtance pour reprendre exactement le pas du peloton qui le précède.

On les exercera au ſurplus à tous les objets relatifs à la *Marche en bataille*, aux *Manœuvres* & aux *Feux*, qui vont être indiqués ci-après.

Lorſque les diviſions ſeront ſuffiſamment exercées, on réunira le bataillon, & il ſera dreſſé & inſtruit par l'Aide-major, en ſe conformant à ce qui eſt preſcrit aux Titres de la *Marche en bataille*, des *Manœuvres* & des *Feux*.

TITRE V.

Manœuvres de détail.

ARTICLE PREMIER.

Former la Compagnie, & border la haie.

LA compagnie étant en haie par rangs de taille, de droite à gauche, on diviſera le rang en trois parties égales; celle de la droite formera le premier rang, celle du centre le troiſième, & celle de la gauche le deuxième.

On commandera enſuite :

I.

Formez — *la compagnie.*

2.

Marche.

11. Juin 1774.

3.
Front.

4.
Alignez-vous.

Au premier commandement, le premier rang fera *à gauche,* le second *à droite,* & le troisième ne bougera.

Au second commandement, le troisième rang ne bougera ; le second rang viendra par le *pas de flanc* se placer immédiatement devant le troisième, & le premier devant le deuxième.

Au troisième commandement, les deux premiers rangs feront *front* à droite & à gauche.

Au quatrième commandement, on s'alignera à droite.

Pour se remettre en haie, on commandera :

1.

A droite
&
à gauche.
$\Big\}$ = bordez la haie.

2.
Marche.

3.
Halte.

4.
Front.

5.
Alignez-vous.

Au premier commandement, les deux premiers rangs feront : le premier, *à droite ;* le second, *à gauche :* le troisième ne bougera pas.

Au deuxième commandement, les deux premiers rangs marcheront le *pas de flanc.*

Au troisième commandement, ils s'arrêteront.

Au quatrième, ils feront *front.*

Au cinquième commandement, ils s'aligneront à droite.

Ouvrir & serrer les rangs de pied-ferme & en marchant.

LORSQU'UN régiment étant en bataille sur trois rangs serrés, on voudra les faire ouvrir à deux ou quatre pas de distance, on commandera :

1.

A deux ou quatre pas de distance = ouvrez les rangs.

2.

Marche.

Au second commandement, le premier rang ne bougera pas ; le deuxième & le troisième se reculeront brusquement en arrière & sans compter les pas : le deuxième rang, à deux ou quatre pas ; le troisième, à quatre ou à huit.

Pour serrer les rangs, on commandera :

1.

Serrez = les rangs.

2.

Marche.

Au second commandement, le premier rang ne bougera pas, & les deux derniers rangs serreront brusquement sur le premier.

Soit en ouvrant les rangs, soit en les serrant, tous les Officiers, les Fourriers & les Sergens, tant de serre-files qu'autres, suivront toujours le mouvement de la troupe.

Pour ouvrir & serrer les rangs en marchant.

ON commandera :

Ouvrez = vos rangs.

A ce commandement, le premier rang continuera

de

de marcher ; les second & troisième rangs s'arrêteront en marquant le pas.

Au troisième pas du premier rang, le deuxième rang marchera en avant ; & au troisième pas du deuxième rang, le troisième rang en fera de même.

Pour serrer les rangs en marchant, on commandera :

Serrez === vos rangs.

A ce commandement, les deux derniers rangs prendront le pas redoublé pour serrer sur le premier, & chaque rang prendra le pas ordinaire aussitôt qu'il sera serré.

ARTICLE 3.
De la Contre-marche.

ELLE s'exécutera toujours par la droite, & en passant derrière le troisième rang. On commandera :

1.

Contre-marche.

2.

A droite.

3.

Marche.

Au second commandement, tout le peloton fera *à droite.*

Au troisième commandement, la première file devenue *rang*, fera la *demi-converfion à droite :* toutes les autres viendront passer sur le terrein qu'occupoit la première.

La droite étant arrivée au point qu'occupoit la gauche, on commandera : *halte, front,* pour faire face par le premier rang.

ARTICLE 4.

Rompre & former les pelotons en marchant.

Pour rompre le peloton, on commandera :

I.

En avant = rompez le peloton.

2.

Marche.

A ce commandement, la deuxième section marquera le pas : la première marchera obliquement *à gauche*, pour passer devant la deuxième, qui marchera obliquement *à droite*, pour se mettre derrière la première. Les files des ailes étant dans la même direction, on commandera, *en avant = marche*.

Pour former le peloton, on commandera :

I.

Formez = le peloton.

2.

Marche.

Au second commandement, la première section marchera obliquement *à droite* ; la seconde, obliquement *à gauche*. Au commandement du chef de peloton, dès que la seconde sera démasquée par la première, on commandera à la première, *en avant = marche*, en même temps qu'un Officier de serre-file commandera à la seconde, *pas redoublé = marche*, pour la porter à côté de la première, & en reprendre le pas au commandement du chef de peloton.

La première continuera de marcher le pas ordinaire ; la seconde prendra le pas redoublé, & le pas ordinaire quand elle sera sur l'alignement de la première.

Dans cet exemple, on suppose un peloton faisant partie d'une colonne qui a sa droite en tête.

Un peloton faisant partie d'une colonne ayant sa gauche en tête, exécuteroit les mêmes mouvemens ; ce qui a marché obliquement *à gauche*, marcheroit obliquement *à gauche* ; ce qui a marché obliquement *à droite*, marcheroit obliquement *à droite* ; mais la seconde section passeroit devant la première.

Une division qui devroit se rompre, ou se former, exécuteroit par peloton ce qui vient d'être prescrit par section.

ARTICLE 5.

Doublement des files, pour marcher en route par le flanc à six de front.

CE mouvement s'exécutera par la *droite* ou par la *gauche.*

Pour doubler par la *droite*, on commandera :

I.
Bataillon == à droite.

2.
Secondes sections == doublez les files.

3.
Marche.

Au premier commandement, tout le bataillon fera *à droite.*

Le second commandement ne servira que d'avertissement.

Au troisième commandement, les secondes sections, en se déboîtant sur leurs droites, doubleront sur la droite des premières, qui n'auront pas bougé : tous les Officiers & bas Officiers de serre-files seront placés alors sur le flanc droit des secondes sections, les chefs de peloton sur le flanc gauche des premières.

Ce premier mouvement exécuté, on commandera :

I.
Prenez vos distances.

2.
Marche.

Au second commandement, tout le bataillon marquera le pas ; mais les premières files, devenues rangs dans chaque peloton, prendront le pas ordinaire, pour que les autres rangs puissent prendre successivement un pas de distance entr'eux, & que la colonne ne s'alonge pas.

On observera l'inverse, si on veut faire ce mouvement par la gauche : les premières sections doubleront alors sur la droite des secondes.

Pour se remettre en bataille, on commandera:

1.

Halte.

2.

$\left.\begin{array}{l} \textit{En avant} \\ \text{\&} \\ \textit{en arrière} \end{array}\right\} = \textit{serrez vos files.}$

3.

Marche.

4.

Front.

5.

Alignez-vous, ou *à gauche, Alignez-vous.*

Au premier commandement, tout le bataillon s'arrêtera.

Au troisième commandement, si on a marché par la droite, toutes les files des premières sections serreront au pas redoublé en avant, & toutes les files des secondes sections serreront vivement en arrière.

Si on a marché par la gauche, les secondes sections serreront en avant, & les premières en arrière.

Au quatrième commandement, tout le bataillon fera face en tête.

Au cinquième commandement, les secondes sections marcheront vivement en avant, pour s'aligner à droite ou à gauche, sur les premières sections.

TITRE VI.

TITRE VI.
De la Formation.

ARTICLE PREMIER.

Formation des régimens en bataille.

LES bataillons seront rangés de droite à gauche, PLANCHE I, dans l'ordre ci-après : Fig. 1.

> *Premier,*
>
> *Deuxième,*
>
> *Troisième,*
>
> *Et quatrième.*

Ils seront toujours formés sur trois rangs.

L'intervalle entre les bataillons, soit de pied-ferme, soit en marchant, sera de six toises.

La distance entre les rangs, sera d'un pied, mesuré de la poitrine de l'homme du second & du troisième rang, au dos de son chef-de-file.

Les files seront jointes bras à bras.

Subdivision du bataillon.

Un bataillon, deux demi-rangs, quatre divisions, PLANCHE I, huit compagnies appelées *pelotons.* Fig. 2.

Le demi-rang de droite sera composé des première & deuxième divisions.

Le demi-rang de gauche, des troisième & quatrième divisions.

Dans les régimens de deux bataillons, la première division sera composée de la compagnie du chef de bataillon, & de celle du cinquième sectionnaire, qui

O

feront appelées *premier* & *deuxième pelotons*. La feconde division, de celle du deuxième factionnaire & de celle du Colonel dans les premiers bataillons, de celle du Lieutenant-colonel dans les feconds, appelées *troifième & quatrième pelotons*. La troifième divifion, de celle du troifième factionnaire & de celle du feptième, appelées *cinquième & fixième pelotons*. La quatrième divifion, de celle du quatrième factionnaire & de celle du huitième, appelées *feptième & huitième pelotons*. Dans les régimens d'un feul bataillon, la compagnie du Lieutenant-colonel fera appelée *fixième peloton*, & la compagnie du fixième factionnaire, *huitième peloton*.

Dans les régimens de quatre bataillons, la compagnie du premier chef de bataillon fera à la droite du troifième bataillon; la compagnie du fecond chef de bataillon, à la droite du quatrième bataillon; la compagnie du troifième chef de bataillon, à la droite du premier bataillon; & la compagnie du quatrième chef de bataillon, à la droite du fecond. Les autres compagnies feront placées dans chaque bataillon, en fuivant le même ordre.

Les compagnies de Grenadiers feront diftribuées dans l'ordre ci-après; favoir, la première, au premier bataillon; la feconde, au deuxième bataillon, ainfi des autres.

A R T I C L E   2.

Formation des compagnies, & pofitions de celles de Grenadiers.

LES compagnies de Fufiliers feront formées par rangs de droite à gauche.

Chaque peloton fera divifé en deux fections; la feconde fection fera marquée par un Caporal placé au premier rang d'une file pleine, à la droite de la deuxième fection.

Les compagnies de Grenadiers seront formées par rangs de taille, de droite à gauche, & divisées en deux sections, comme les compagnies de Fusiliers.

Elles seront placées à la droite, dans les bataillons impairs; à la gauche, dans les bataillons pairs.

Dans les régimens de trois bataillons, les compagnies de Grenadiers du second & du troisième bataillon seront placées à la gauche.

Les Caporaux de Grenadiers & de Fusiliers, seront également placés par rangs de taille entr'eux, mais aux droites & aux gauches des pelotons, & de préférence au premier & au troisième rang.

ARTICLE 3.

Places des Officiers supérieurs & de l'État-major.

LORSQUE le régiment sera en bataille, le Colonel ou le Commandant du régiment sera à cheval pour se porter par-tout où besoin sera.

Dans une attaque de poste, ou quelqu'autre occasion de guerre où le terrein ne permettroit pas de combattre à cheval, il se placera à pied, au bataillon qui aura la tête de l'attaque; à la droite du chef de ce bataillon.

Le Lieutenant-colonel commandera le second bataillon; le Major commandera le premier bataillon, quand il ne sera pas Major de brigade.

Dans les régimens de quatre bataillons, le premier chef de bataillon commandera le troisième bataillon, & le deuxième chef de bataillon, le quatrième bataillon, s'ils sont en état de bien commander les manœuvres; dans le cas contraire, ils marcheront à leurs compagnies de Fusiliers.

Il en sera de même pour les troisième & quatrième

chefs de bataillon, qui feroient dans le cas de remplacer, en cas d'abfence, au premier & au fecond bataillon, le Major & le Lieutenant-colonel.

Les chefs de bataillon feront à pied, huit pas en avant du premier rang, au centre de leur bataillon, lorfqu'il fera en bataille de pied-ferme, ou lorfqu'il marchera en ligne : dans tous les autres cas, ils pourront monter à cheval pour fe porter plus promptement où leur préfence fera indiquée dans les manœuvres.

L'Aide-major fera placé derrière le centre du bataillon, fix pas en arrière des ferre-files : le Sous-aide-major derrière la droite, fix pas en arrière des ferre-files.

ARTICLE 4.

Places des Officiers & Sergens des compagnies de Fufiliers.

LE Capitaine à la droite du premier rang, ayant derrière lui au troifième rang, le premier Sergent; le Lieutenant à deux pas en arrière du dernier rang, vis-à-vis la feconde file droite de la première fection; le Fourrier derrière la feconde file gauche de la première fection; le fecond Sergent vis-à-vis la feconde file droite de la feconde fection; le Sous-lieutenant vis-à-vis la feconde file gauche de la feconde fection.

Dans les huitièmes pelotons de chaque bataillon, le Capitaine fera à la gauche du premier rang, ayant derrière lui, au troifième rang, le premier Sergent; le Sous-lieutenant à la droite du premier rang, le fecond Sergent placé derrière lui au troifième rang; le Fourrier en ferre-file vis-à-vis la feconde file droite de la première fection; le Lieutenant auffi en ferre-file vis-à-vis la deuxième file gauche de la deuxième fection. Deux Caporaux tirés du huitième peloton, completteront les quatre ferre-files de ce peloton.

Places

Places des Officiers & Sergens des compagnies de Grenadiers.

DANS les bataillons qui ont leurs compagnies de Grenadiers à leur droite, le Capitaine fera à la droite du premier rang, ayant derrière lui, au troisième rang, le premier Sergent; le Lieutenant en ferre-file derrière la seconde file droite de la première section; le Fourrier derrière la seconde file gauche de cette section; le Sous-lieutenant vis-à-vis la seconde file gauche de la deuxième section; le second Sergent vis-à-vis la seconde file droite de cette section. Dans les bataillons qui ont leurs Grenadiers à leur gauche, le Capitaine fera à la gauche du premier rang, ayant derrière lui, au troisième rang, le premier Sergent; le Lieutenant en ferre-file derrière la seconde file gauche de la deuxième section ; le Sous-lieutenant derrière la seconde file droite ; le Fourrier à la droite du Lieutenant; le second Sergent à la gauche du Sous-lieutenant.

Le Capitaine titulaire de Grenadiers ne quittera point sa compagnie pour remplacer le chef de bataillon.

Dans les compagnies de Fusiliers, les places des Officiers qui manqueront, seront remplies; savoir, celle du Capitaine, par le Lieutenant; celle du Lieutenant, par le Sous-lieutenant; celle du Sous-lieutenant, par le Fourrier ou le plus ancien Sergent; celle du Porte-drapeau, par un Fourrier; celle des Sergens, par des Caporaux : les Caporaux remplaceront les Sergens de ferre-file.

Lorsque les pelotons ne feront que de douze files & au-dessous, on ne remplacera pas les ferre-files manquans : on les égalisera à trois par pelotons fur tout le bataillon; mais il n'y en aura jamais moins de deux par pelotons.

P

ARTICLE 5.

Compofition & Formation du peloton des Drapeaux.

LES deux Officiers Porte-drapeaux, avec les huit troifièmes Sergens de chaque compagnie de Fufiliers, compoferont le peloton des drapeaux.

Les deux Officiers Porte-drapeaux feront placés au centre du premier rang, un Sergent à la droite, & un Sergent à la gauche : au deuxième rang, quatre Sergens ; au troifième rang, un Sergent derrière la file droite, & un Sergent derrière la file gauche.

La pofition du peloton des drapeaux dans le bataillon, fera à la droite du cinquième peloton, qui fera plus fort que les autres, de ces quatre files.

Les trois files de gauche du quatrième peloton, & les trois files de droite du cinquième peloton, feront compofées des Soldats les mieux dreffés de chacun de ces pelotons.

Le Chef du cinquième peloton fera placé à la gauche des trois files de fon peloton qui joignent les drapeaux.

Les quatre files compofées des Porte-drapeaux & troifièmes Sergens, fe rompront toujours avec le cinquième peloton.

ARTICLE 6.

Place des Tambours.

LES Tambours feront à quinze pas derrière les Serre-files, fur deux rangs, & au centre du bataillon.

Les Muficiens feront avec ceux du premier bataillon.

ARTICLE 7.

Formation en parade.

LE régiment fera en bataille fur trois rangs ouverts à quatre pas de diftance.

Tous les Officiers & Porte-drapeaux, à quatre pas en avant du premier rang, alignés à droite, ainfi que les trois rangs: le Capitaine au centre de la compagnie; le Lieutenant vis-à-vis le centre de la première fection; le Sous-lieutenant vis-à-vis le centre de la feconde fection; les Porte-drapeaux entre les Officiers des quatrième & cinquième pelotons, & fur le même alignement: les Sergens qui, dans la formation en bataille, font au troifième rang derrière le Capitaine, le remplaceront au premier rang.

Les troifièmes Sergens de chaque compagnie qui, dans la formation en bataille, font au peloton des drapeaux, fe formeront fur deux rangs : favoir ; quatre Sergens au premier rang, & quatre au troifième.

Le Colonel ou Commandant du régiment, à quatre pas en avant des drapeaux du premier bataillon ; le Lieutenant-colonel, à deux pas en avant des drapeaux du deuxième bataillon.

Le Major fur la gauche du Colonel, à deux pas en avant des drapeaux.

Dans les troifième & quatrième bataillons, les Officiers défignés pour les commander, feront à deux pas en avant des drapeaux de chaque bataillon.

Chaque Aide-major à la droite, le Sous-aide-major à la gauche, tous deux fur l'alignement du premier rang, entre l'homme de droite ou de gauche & les Tambours.

Les Tambours & Muficiens fur deux rangs, à

la droite de leur bataillon, alignés avec les deux premiers rangs.

Le Tambour-major à deux pas en avant du premier rang des Tambours du premier bataillon.

Les Officiers seront reposés sur leurs armes, dans la position prescrite *Titre II, article 2.*

Les Sergens & les Soldats porteront les armes, & les Tambours se tiendront prêts à battre.

Lorsque la personne qu'on doit recevoir se sera approchée, & qu'elle se présentera pour parcourir le front du régiment, si les Officiers doivent saluer, les Tambours battront, les Soldats présenteront les armes, les Officiers & les Porte-drapeaux salueront par compagnie, à mesure que ladite personne passera devant eux.

ARTICLE 8.

De la manière de défiler dans les revues d'honneur.

LORSQUE le régiment devra défiler en parade, on fera serrer les rangs, & rompre à droite par peloton ou division, les Officiers de chaque compagnie gardant, en avant des pelotons ou divisions, les places qu'ils occupoient en parade de pied-ferme.

Les huit Sergens des drapeaux & le premier Sergent du cinquième peloton formeront alors trois files pleines à la droite de ce peloton.

Les Porte-drapeaux se placeront en avant du centre du cinquième peloton, sur l'alignement des Officiers.

Le Tambour-major & les Tambours du premier bataillon se placeront à quatre pas en avant du Capitaine de Grenadiers : les Tambours des autres bataillons seront placés de même à la tête de leur bataillon.

Le

Le Colonel, ou le Commandant du régiment, à cheval, se placera à la tête du premier peloton ou de la première division du premier bataillon, à quatre pas en avant des Officiers.

Le Lieutenant-colonel à cheval, de même à quatre pas en avant des Officiers du premier peloton ou de la première division de son bataillon.

L'Aide-major se mettra à la tête de la première compagnie de Grenadiers, à quatre pas en avant du Tambour-major.

Le Major à cheval à la tête du premier peloton ou de la première division du premier bataillon, à la gauche du Commandant du régiment, & les Aides-major des autres bataillons, à quatre pas en avant des Tambours de leur bataillon.

Les Sous-aides-major se tiendront sur les ailes de leur bataillon, pour le faire défiler dans le plus grand ordre ; & lesdits Sous-aides-major défileront à deux pas en arrière des serre-files du dernier peloton ou de la dernière division de leur bataillon.

Le Sous-aide-major du dernier bataillon du régiment défilera à la queue du tout, avec le Quartier-maître.

Dans les régimens d'un bataillon, le Lieutenant-colonel se placera à la droite du Colonel, tant de pied-ferme qu'en défilant.

Dans les régimens de quatre bataillons, les Officiers désignés pour les commander, défileront à pied, deux pas en avant des drapeaux de leur bataillon.

Au commandement *marche*, tous les Officiers & les premiers rangs des divisions ou pelotons s'ébranleront ; les deuxième & troisième rangs les suivront, en prenant quatre pas de distance d'un rang à l'autre.

On observera que les files des ailes soient alignées

sur le côté où sera la personne devant laquelle on devra défiler.

En approchant de la personne que l'on devra saluer, on se conformera à ce qui a été prescrit pour le salut, au *titre II, article 4.*

TITRE VII.

De la Marche des Compagnies au lieu de l'assemblée de leur Bataillon, & de leur arrivée sur le terrein.

ARTICLE PREMIER.

De l'Assemblée des Compagnies au Quartier.

Lorsque toute l'infanterie d'une Place ou d'un Quartier, devra prendre les armes, tous les Tambours battront *la générale;* mais s'il n'y a qu'un régiment ou qu'un bataillon qui doive prendre les armes, les Tambours du régiment ou bataillon rappelleront devant leur quartier.

A ce signal, chaque Caporal se rendra avec les Soldats de sa chambrée au rendez-vous de la compagnie, où se trouveront les Sergens & le Fourrier, pour former la compagnie en haie ; les Soldats reposés sur les armes, en faire l'appel, y examiner les différentes parties de l'armement, de l'équipement & de l'habillement.

Les Officiers se trouveront aussitôt après au rendez-vous de leur compagnie.

Le Commandant de la compagnie, après s'être fait rendre compte s'il n'y manque personne, passera par-devant & par-derrière les rangs, de même que le Lieutenant & le Sous-lieutenant qui l'aideront dans cette visite, pour examiner s'il ne manque rien à l'équipement & à l'habillement.

Ils feront aussi l'inspection des armes.

Les Aides-major & Sous-aides-major s'y rendront à la même heure.

L'inspection étant faite, le Capitaine fera *porter les armes*, & *former la compagnie*, comme il est dit au *Titre V, article premier :* il fera *porter l'arme au bras*, & conduira la compagnie au rendez-vous du bataillon, dans l'ordre suivant :

> Le Capitaine à deux pas en avant du centre de la compagnie ; les autres Officiers, Fourriers & Sergens, à leur place de bataille ; le troisième Sergent se placera en serre-file entre le Sous-lieutenant & le deuxième Sergent.

Si la compagnie ne peut marcher de front, elle marchera par son flanc.

Lorsque les compagnies approcheront du lieu de l'assemblée de leur bataillon, les Capitaines leur feront *porter les armes*, pour les conduire & les former sur le terrein qu'elles devront occuper. Lorsqu'elles seront arrivées, le Capitaine commandera :

I.

Halte.

2.

A quatre pas de distance, ouvrez vos rangs.

3.

Marche.

Au premier commandement, la compagnie s'arrêtera.

Le deuxième commandement servira d'avertissement.

Au troisième commandement, les second & troisième rangs ouvriront légèrement les rangs en arrière, comme il a été expliqué au *Titre V, article 2.* Le Capitaine

alignera le premier rang; le Lieutenant, le troisième ;
& le Sous-lieutenant, le second: ils rectifieront la distance
de quatre pas; & chacun, après avoir aligné son rang
parallèlement avec le premier, se portera à sa place de
parade.

A mesure que les compagnies arriveront, le Sous-
aide-major comptera les files, & aussitôt après il
divisera le bataillon en huit pelotons aussi égaux qu'il
sera possible, observant de laisser la place des drapeaux
entre les quatrième & cinquième pelotons.

Les troisièmes Sergens de chaque compagnie se
porteront par-derrière le centre du bataillon, dans le
moment que le Sous-aide-major le divisera, & viendront occuper la place destinée aux drapeaux.

Le Commandant & autres Officiers supérieurs du
Corps se trouveront au lieu de l'assemblée à l'arrivée
des compagnies; ils feront une inspection générale,
s'ils le jugent à propos.

Dès que le régiment sera formé, le Colonel ou
en son absence le Commandant du régiment fera tous
les commandemens qui seront répétés par chaque Chef
de bataillon, chaque bataillon ne devant exécuter les
commandemens généraux qu'au commandement du
Chef de bataillon, à l'exception de quelques cas particuliers qui seront indiqués, où les commandemens
seront faits ou répétés par les chefs de division ou
peloton.

A R T I C L E 2.

*Du Détachement qui devra aller chercher les
Drapeaux.*

LORSQUE les compagnies se mettront en marche
pour se rendre au lieu de l'assemblée de leur bataillon,
on enverra chercher les drapeaux.

Composition

Compofition du Détachement qui ira chercher les drapeaux.

TITRE VII.
ART. 2.

Le Tambour-major & les Muficiens; tous les Tambours, excepté deux par bataillon, une compagnie de Grenadiers, un Officier-major, les Porte-drapeaux.

Formation du Détachement pour les drapeaux.

La compagnie de Grenadiers, rompue par fections, le Capitaine à la tête, deux pas en avant; les Porte-drapeaux, deux pas en avant du Capitaine de Grenadiers, (fur un rang dans les régimens de deux bataillons), (fur deux rangs dans les régimens de quatre); les Tambours deux pas en avant des Porte-drapeaux, fur deux rangs par bataillon, le Tambour-major à leur tête, l'Officier-major en avant du Tambour-major.

Marche du Détachement.

Le détachement marchera dans cet ordre, l'arme au bras, fans bruit de caiffe.

Arrivé au lieu où feront les drapeaux, les Tambours fe placeront fur la droite ou fur la gauche de l'entrée; démafqueront la compagnie de Grenadiers, que le Capitaine rangera en bataille devant la porte, après avoir fait *porter les armes.*

L'Officier-major, les Porte-drapeaux & les Sergens de Grenadiers iront chercher les drapeaux.

Lorfqu'enfuite les Porte-drapeaux fortiront avec les drapeaux, ils s'aligneront en dehors de la porte, & s'arrêteront un moment vis-à-vis la compagnie de Grenadiers, à laquelle le Capitaine fera *préfenter les armes :* les Tambours battront *au drapeau.*

Le Capitaine fera enfuite ceffer les Tambours, fera *porter les armes,* & fera rompre fa compagnie par fection.

R

Les Porte-drapeaux iront fe placer fur un rang dans les régimens d'un ou de deux bataillons; fur deux rangs, dans les régimens de quatre bataillons, entre la première & la feconde fection, dans le même ordre que ces bataillons feront formés.

L'Officier-major & les Tambours s'étant placés à la tête des Grenadiers, le Capitaine commandera : *marche*. A ce commandement, les Tambours battront *au drapeau*, jufqu'au lieu où fera affemblé le régiment ou le bataillon; en obfervant que, lorfqu'on prendra les armes de grand matin, on ne battra *au drapeau* qu'au moment où ils paroîtront, & lorfqu'ils arriveront fur le terrein du régiment.

Si le régiment eft de plufieurs bataillons, les compagnies de Grenadiers iront alternativement chercher les drapeaux, & à leur défaut le premier peloton de chaque bataillon.

A R T I C L E 3.

De l'arrivée des Drapeaux à la tête du Régiment.

A l'arrivée des drapeaux, le Chef de bataillon fera les commandemens pour *porter les armes*.

Lorfque les drapeaux ne feront plus qu'à vingt pas de la droite ou de la gauche de la troupe, felon le côté par lequel ils viendront, le Chef de bataillon commandera :

Préfentez — vos armes.

A ce commandement, le bataillon *préfentera les armes*.

Les Porte-drapeaux fileront enfuite feuls devant le front du bataillon, à huit pas du rang des Officiers.

A mefure que les drapeaux pafferont devant le centre de leur bataillon, ils s'arrêteront, lui feront face :

aussitôt ils seront salués par tous les Officiers du bataillon au signal de l'Officier de droite qui se portera quatre pas en avant.

Les Porte-drapeaux iront ensuite à leurs places de *parade*, entre le Sous-lieutenant du quatrième peloton & le Lieutenant du cinquième. Ils feront brusquement *demi-tour à droite*, en arrivant sur l'alignement des Officiers.

La compagnie de Grenadiers & les Tambours qui auront escorté les drapeaux, iront au pas redoublé prendre leur poste dans leur bataillon, en passant derrière la troupe.

A mesure que les drapeaux seront arrivés à leur bataillon, le Chef de bataillon commandera :

Portez = vos armes.

Le bataillon portera les armes, & aussitôt après le chef de bataillon commandera :

1.

Serrez = vos rangs.

2.

Marche.

Au premier commandement, les Officiers rapprocheront l'arme du pied, descendront la main droite, pour la saisir & la porter tout de suite dans le bras droit, comme il a été dit, *Titre II, article 4.*

Au second commandement, les Officiers feront *demi-tour à droite*, pour aller promptement occuper leurs places de bataille. Les Officiers de serre-file passeront par les droites & gauches des pelotons : les rangs se serreront avec la plus grande vivacité.

Les Porte-drapeaux porteront le drapeau au bras droit.

On renverra les drapeaux dans le même ordre & avec la même escorte qui a été les chercher.

TITRE VIII.

De la Marche du Régiment en colonne pour
se rendre à son terrein d'Exercice.

LE régiment étant en bataille à *rangs serrés*, on
commandera :

I.

$$\text{Par peloton} = \begin{cases} \text{à droite,} \\ \text{ou} \\ \text{à gauche.} \end{cases}$$

2.

Marche.

Au premier commandement, chaque chef de peloton
se portera à deux pas en avant du centre de son peloton.

Au second commandement, les pelotons rompront,
& chaque peloton étant perpendiculairement sur le terrein
qu'il occupoit en bataille, les chefs de peloton seulement, commanderont *halte, à = gauche, alignez-vous*, si
on a rompu à droite : *halte, alignez-vous*, si on a rompu
à gauche : ce qui sera observé toutes les fois qu'on
rompra à droite ou à gauche.

Toutes les fois qu'un bataillon se rompra à droite
par peloton ou par division, le cinquième peloton
ou la troisième division se jettera sur la droite après
le mouvement de conversion fini, pour que la file
gauche ne déborde pas la gauche des divisions pré-
cédentes.

Lorsqu'un bataillon aura rompu à gauche, le même
peloton ou cette même division se jettera sur la gauche.

Si l'on veut marcher en avant, on commandera :

I.

En avant.

2.

Marche.

Au second commandement, qui sera aussi répété avec la plus grande rapidité, de la tête à la queue de la colonne, par chaque chef de peloton, la colonne entière s'ébranlera en même temps au pas ordinaire, les pelotons marchant les rangs serrés, & les armes portées.

Règle générale.

Toutes les fois qu'une ligne sera rompue par peloton ou par division, & qu'elle devra marcher en avant, les chefs de peloton ou de division répèteront aussi le commandement *marche*, pour ébranler la colonne.

Toutes les fois que cette colonne devra arrêter, les mêmes chefs répèteront aussi le commandement *halte*, pour l'arrêter.

Au commandement *halte*, fait à une colonne, tous les chefs de peloton, en le répétant rapidement de la tête à la queue de la colonne, l'exécuteront eux-mêmes, ainsi que leurs pelotons, sur le terrein même sur lequel ils se trouveront.

Les chefs de bataillon & les chefs de peloton auront attention de prononcer ces commandemens de la plus grande étendue de voix possible, & à l'instant même où le commandement leur parviendra de la tête de la colonne.

Toutes les fois que le commandement général ne pourra être entendu par une ligne ou une colonne, les chefs de bataillon dans la ligne, les chefs de peloton dans la colonne, se conformeront le plus promptement possible au mouvement qu'ils verront faire à leur droite ou à leur gauche, en avant ou en arrière, suivant le point d'où partira le mouvement ordonné.

S

Lorſque le Commandant en chef jugera à propos, il fera *porter l'arme au bras* au peloton de la tête ; ce qui fera exécuté ſucceſſivement par chaque peloton, au commandement de ſon chef : les ſecond & troiſième rangs prendront alors un pas de diſtance.

Si le terrein ne permet pas de marcher par le front d'un peloton, le régiment marchera par le flanc, & on lui commandera :

I.

$$Bataillon = \begin{cases} \text{à droite,} \\ \text{ou} \\ \text{à gauche.} \end{cases}$$

2.

Marche.

Au premier commandement, le bataillon fera *à droite* ou *à gauche,* & chaque chef de peloton ſe portera à deux pas, ſur le flanc du Sergent qui le remplace au premier rang ; ce qui ſera obſervé toutes les fois qu'un bataillon ou demi-rang marchera par ſon flanc.

Au deuxième commandement, les neuf Officiers du premier rang, ainſi que le Capitaine de Grenadiers & tout le bataillon, marcheront au pas ordinaire.

Les chefs de peloton & les ſerre-files veilleront à ce que les pelotons ne s'alongent pas, à ce qu'ils conſervent le même pas que leurs Officiers : ils marcheront eux-mêmes au pas de l'Officier qui aura la tête de la marche.

Si, en marchant par le flanc, la difficulté du terrein occaſionnoit quelque alongement, dans ce ſeul cas ſeulement on n'obſerveroit plus l'intervalle des ſix toiſes entre les bataillons.

Les Tambours marcheront ſur deux rangs le plus ſerrés poſſible à leurs places ordinaires, ou ſe porteront à la tête du bataillon, ſi le terrein ne leur permet pas de reſter ſur le flanc de la marche.

Lorsque la tête du régiment trouvera le terrein affez ouvert pour marcher par le front d'un peloton, le Commandant en chef commandera:

Formez vos pelotons.

A ce commandement, le chef du premier peloton commandera:

Formez = le peloton.

Alors l'homme de droite fi on a marché par la droite, l'homme de gauche fi on a marché par la gauche, marchera droit devant lui fans ralentir fon pas, pendant que les autres files fe porteront fuccef-fivement au pas redoublé fur fon alignement, & en tournant la tête vers lui pour prendre le même pas.

Auffitôt que le peloton fera formé, le chef de peloton commandera *tête à gauche*, fi on a marché par la droite; *tête à droite*, fi on a marché par la gauche.

Chaque peloton fe formera ainfi fur le terrein où fe fera formé le premier peloton.

TITRE VIII.

TITRE IX.

Des Points de vue & de l'ufage qu'on en doit faire ; de la Marche en colonne fur les points de vue donnés ; & des différentes Manières de fe mettre en bataille.

ARTICLE PREMIER.

Des Points de vue & de l'ufage qu'on en doit faire.

LES points de vue font des objets éloignés & diftincts, choifis par le Commandant en chef, pour déterminer la direction qu'il veut donner à sa ligne; de manière que dans tous les mouvemens la nouvelle position ne soit pas déterminée par le hasard, mais par la volonté du Commandant en chef qui, choisissant autour du terrein que l'œil peut embrasser, deux points, l'un à sa droite, l'autre à sa gauche, donnera ainsi à sa ligne ou à la colonne, la direction la plus conforme à ses vues.

Ces objets doivent être isolés, autant qu'il est possible, & assez saillans pour être aperçus distinctement, comme un arbre, un clocher, une maison, un moulin, &c.

Manière de déterminer une position entre deux points donnés dont on ne peut approcher.

Aussitôt que le point de la droite & celui de la gauche auront été déterminés par le Commandant en chef, deux Officiers désignés par les caractères, R pour celui de gauche, A pour celui de droite, chercheront les points intermédiaires.

Soit un arbre C à gauche, un moulin D à droite.

R restera en place, tandis que A se portant à environ quarante pas sur la droite de R, s'alignera sur lui & le point C.

R fera signal pour marcher en avant, en conversant de manière que le point C soit le pivot de la conversion, & que l'Officier A se conserve toujours aligné avec le point C & l'Officier R.

R marchera regardant toujours A, pour lui faire signal de s'arrêter à l'instant où A lui cachera le point de droite D: A étant toujours resté aligné sur l'Officier R & le point C, le point intermédiaire est trouvé.

L'Officier R restera à sa place, jusqu'à ce qu'il soit relevé par un Officier du bataillon suivant, & mettra

pied

pied à terre, s'il étoit à cheval. L'autre Officier reviendra à la tête de la colonne, & indiquera au Commandant en chef l'Officier *R*. La colonne ayant la droite en tête, & arrivant par-derrière la gauche du terrein qu'elle doit occuper, le Commandant en chef en dirigera la tête vers le point *R*, de manière que la droite du premier peloton arrive vis-à-vis cet Officier.

TITRE IX.
ART. I.

Le premier peloton arrivant à trente pas de cet Officier, portera les armes, & son chef ira promptement se mettre à la gauche de son premier rang, & commandera, *par peloton, à droite, marche,* assez près de l'Officier *R*, pour qu'en achevant le mouvement de conversion, le chef de ce peloton rase la poitrine de cet Officier qui fait face à la colonne : son peloton se trouvant perpendiculairement sur la nouvelle ligne de direction, il commandera *halte,* & tout de suite après *tête à gauche, marche,* pour se diriger sur le point de la droite qui lui sera indiqué par le Commandant en chef.

PLANCHE III.
Fig. I.

Le chef du premier peloton cherchera entre le point en avant & lui-même, des points intermédiaires sur le terrein, & marchera exactement sur cette nouvelle ligne qui servira de direction à toute la colonne.

Ce qui vient d'être prescrit pour le chef du peloton qui a la tête de la colonne, sera observé par chaque chef de peloton, à mesure qu'il arrivera sur le terrein où le premier peloton aura fait son mouvement de conversion.

Aussitôt que le chef du second peloton sera arrivé dans la nouvelle ligne de direction, il se mettra au chef-de-file sur le chef du premier peloton & le point de vue en avant, & il maintiendra cet Officier sur le point de vue, s'il s'en écartoit.

Les chefs des autres pelotons se tiendront correctement au chef-de-file, en observant exactement

T

la diſtance qu'ils doivent avoir dans la colonne qui marchera au pas ordinaire.

Les chefs de bataillon ſe tiendront à la tête de leur bataillon, & ſe retourneront ſouvent pour voir ſi les chefs de peloton obſervent les chefs-de-file.

Le Commandant en chef ſe tiendra à la tête de la colonne, & examinera ſouvent ſi la queue répond exactement au point de vue en arrière *C*, d'après la direction de la tête.

Si les chefs-de-file étant exactement obſervés de la tête à la queue de la colonne, le chef du premier peloton ſe jette à droite ou à gauche, on s'en apercevra aiſément par le prolongement de la colonne qui couvrira ou découvrira trop les points de vue en arrière.

Si le point de vue en arrière eſt trop découvert, le Commandant en chef ſera appuyer la tête de la colonne un peu à gauche ; le chef du ſecond peloton prendra de nouveau ſon chef-de-file, de manière que le chef du premier peloton lui couvre exactement le point de vue en avant : toute la colonne ſuivra ſucceſſivement le même mouvement.

Si le point de vue en arrière eſt maſqué, on y remédiera par des mouvemens contraires.

Les points de vue doivent toujours être aſſez découverts pour ſe trouver préciſément en avant du front, lorſque la colonne ſe ſera reformée en bataille.

Chaque peloton ſera toujours correctement aligné, & joindra exactement l'Officier qui maintient le chef-de-file.

Cet Officier ne regardera jamais le rang, & ne quittera pas des yeux ſon chef-de-file.

Les Officiers & bas Officiers de ſerre-file auront la plus grande attention à ce que les pelotons marchent carrément fur la ligne donnée, & que les Soldats foient conftamment au pas, & fe joignent bras à bras du côté de l'Officier qui eft au pivot : la colonne entière marchera au même pas.

ARTICLE 2.

Pour fe mettre en bataille.

LA tête de la colonne étant arrivée au point où doit appuyer la droite de la ligne, le Commandant en chef commandera :

I.

Bataillon.

2.

Halte.

A ce dernier commandement, répété rapidement par tous les chefs de bataillon & de peloton, toute la colonne arrêtera.

Le Commandant en chef commandera enfuite :

A gauche=en bataille.

A cet avertiffement, un ferre-file de l'aile droite du peloton de la tête de chaque bataillon fe portera fur l'alignement des pivots gauches, à la diftance du front de fon peloton, pour déterminer exactement le point où le chef de ce peloton doit arrêter fon mouvement de converfion ; ce qui fera exécuté généralement à chaque peloton qui aura la tête d'une colonne & d'un bataillon.

En même temps tous les chefs de pelotons, placés ordinairement à l'aile droite de leur peloton, s'y porteront légèrement, & conduiront le mouvement de converfion. Les chefs des pelotons de l'aile gauche des bataillons, ainfi que les Capitaines de Grenadiers de l'aile gauche, refteront à hauteur de la gauche de leur peloton.

Au commandement *marche*, qui fera répété par les chefs de bataillon, l'homme du premier rang de l'aile gauche de chaque peloton fera *à gauche*, & la colonne fe mettra en bataille par un mouvement de converfion à gauche.

Le mouvement de converfion fini, les chefs de peloton commanderont *halte, alignez-vous*, lorfqu'ils arriveront eux-mêmes à hauteur de l'homme de gauche du peloton qui les précédoit dans la colonne; ils rectifieront leur alignement de la droite à la gauche, en portant la tête fur le rang, en avançant un peu le corps, & même en fortant hors du rang, s'il eft nécef-faire, & en obfervant que les hommes qui ont fervi de pivot, ne doivent jamais bouger.

L'inverfe s'exécutera dans une colonne rompue à gauche, arrivant derrière la droite de fon terrein; excepté que les chefs de peloton fe trouvant alors à la droite pour prendre le chef-de-file, le Sergent qui eft derrière eux paffera en ferre-file pendant la marche de la colonne, & ne reviendra à la droite du dernier rang, que lorfque le peloton fera prêt à rentrer en ligne.

Dans le même cas d'une colonne rompue à gauche, au commandement *à droite en bataille*, les chefs de peloton qui fe trouveront placés à la droite de leur peloton, refteront à hauteur de l'aile droite; obfervant cependant que ce ne foit point eux qui fervent de pivot, mais l'homme de droite de leur peloton.

Les chefs de peloton & les Capitaines de Grenadiers de l'aile gauche des bataillons fe porteront au flanc gauche de leur peloton, & mèneront l'aile marchânte.

Les chefs de peloton commanderont, après le mouvement de converfion fini, *halte, à gauche, alignez-vous :* chaque peloton fera alors aligné par le chef de peloton vers lequel il aura la tête tournée.

ARTICLE

A R T I C L E 3.

Autres manières de se mettre en bataille.

Si la tête de la colonne arrive par le centre ou par quelqu'autre partie du terrein qu'elle doit occuper sur son front, on lui fera alors les commandemens expliqués au *titre XIII des Déployemens, article premier.*

Si la colonne formée par la droite arrive par la droite de son terrein, on lui commandera:

I.

A droite, en bataille.

2.

Marche.

Au second commandement, le premier peloton fera *par peloton, à droite.* Le mouvement de conversion fini, son chef lui commandera, *halte;* & aussitôt après, *marche,* pour le porter douze pas en avant; alors il lui commandera, *halte, alignez-vous.* Le peloton fera aligné par le Commandant en chef, sur le point de vue de gauche.

La colonne continuera de marcher; chaque peloton fera successivement *par peloton, à droite,* dès que sa file droite aura dépassé la file gauche du peloton qui le précède, pour aller se mettre en bataille à côté de lui.

Le même mouvement se fera par l'inverse, quand la colonne formée par la gauche arrivera par la gauche de son terrein.

Toutes les fois que l'alignement devra se prendre par la droite, le Commandant en chef se portera à la droite, & dirigera l'alignement sur le point de vue de gauche. On observera l'inverse quand l'alignement devra se prendre par la gauche.

U

ARTICLE 4.

Pour se mettre en bataille sur deux lignes.

LORSQUE l'on marchera sur deux colonnes de deux bataillons chacune, & que l'on voudra les former sur deux lignes, le Commandant en chef indiquera d'abord les points de vue pour la première ligne.

Deux Officiers chercheront aussitôt les points intermédiaires, & se placeront de façon à pouvoir servir de direction aux têtes des colonnes, en observant exactement de laisser entr'eux la distance pour un bataillon.

Aussitôt que les têtes des colonnes qui devront former la première ligne, entreront dans la nouvelle direction par un mouvement de conversion, les têtes des bataillons, destinées pour deuxième ligne, feront en même temps les mêmes mouvemens: deux Officiers leur marqueront la direction, dans le moment que les têtes de ces colonnes exécuteront les mouvemens de conversion.

La seconde ligne n'a pas besoin de point de vue en arrière; elle aura seulement soin de se diriger parallèlement à la première.

Lorsque les colonnes seront plus nombreuses & plus fortes, on emploiera proportionnellement les mêmes principes & les mêmes moyens, avec cette différence, que la seconde ligne se trouvant trop éloignée de la première, à cause de la profondeur de ces colonnes, les têtes de celles de la seconde continueront à marcher jusqu'à ce qu'elles soient arrivées à la distance qui aura été prescrite.

ARTICLE 5.

Disposition pour exercer en détail.

SI le régiment, après avoir occupé sa première

position, doit exercer en détail, on fera porter, environ soixante pas en avant, tous les pelotons impairs; on les alignera l'un sur l'autre, parallèlement aux pelotons qui seront restés en place.

Si on doit exercer aux *feux* & à la *charge*, le Commandant en donnera l'ordre; & pendant cet exercice le Major rassemblera en avant ou en arrière du régiment, les pelotons des drapeaux de tous les bataillons; il les placera à soixante pas les uns des autres, pour les exercer à la marche, les obligeant à se tenir toujours alignés sur le peloton d'alignement, & à conserver l'intervalle qui leur aura été prescrit; il les fera marcher en avant sur des points de vue, fera changer de direction au peloton d'alignement, & obligera les autres à se conformer exactement à la nouvelle direction.

Les Sous-aides-major de chaque bataillon suivront leurs pelotons de drapeaux.

Lorsqu'on voudra exercer les compagnies à la marche, les troisièmes Sergens iront rejoindre leurs pelotons.

Les Porte-drapeaux de chaque bataillon se partageront aux quatrième & cinquième pelotons, pour en diriger la marche.

Les compagnies seront exercées à la marche, en se conformant à ce qui a été prescrit au *Titre IV, article 2.*

Lorsqu'un régiment devra exercer en détail, le Commandant indiquera les objets sur lesquels les compagnies ou divisions seront exercées, & déterminera le moment où on devra passer d'un objet à un autre.

TITRE X.

De la Marche en bataille.

ARTICLE PREMIER.

De la Marche en avant.

ON commandera :

1.

Bataillon = en avant.

2.

Marche.

PLANCHE V.
Fig. 1.

Au premier commandement, les drapeaux & les deux Sergens de leur droite & de leur gauche se porteront six pas en avant, & s'aligneront sur les drapeaux du bataillon d'alignement.

Le demi-rang de droite de chaque bataillon portera en même temps la tête à gauche.

Le chef du bataillon se tiendra à pied, deux pas en avant des drapeaux; se portera de temps en temps sur le flanc gauche des drapeaux, si l'alignement vient de la droite; sur le flanc droit, s'il vient de la gauche, pour voir si les drapeaux sont dans la direction & à hauteur de ceux du bataillon d'alignement.

Le chef du bataillon d'alignement sera toujours deux pas en avant de ses drapeaux, & recevra l'ordre du Commandant en chef.

En même temps que les drapeaux se porteront en avant, l'Aide-major qui sera placé derrière le centre du bataillon, indiquera au Porte-drapeau de droite, & au Sergent qui marche derrière lui, un point de vue perpendiculaire en avant, en le prenant sur le prolongement des deux têtes du Porte-drapeau & du Sergent qui le remplace au premier rang.

Au second commandement, *marche*, répété avec la plus grande rapidité par tous les chefs de bataillon, la ligne se portera en avant.

Le

Le Porte-drapeau de la droite s'occupant feul dans chaque bataillon, de marcher au point de vue, choifira entre l'objet indiqué & lui-même, des points intermédiaires que pourra offrir le terrein; il y fera maintenu par le Sergent de fa file, qui doit obferver la diftance prefcrite de fix pas.

L'Aide-major furveillera encore ces deux hommes.

Les quatre hommes qui marchent en avant du bataillon, marcheront carrément, & collés l'un à l'autre bras à bras.

Les Sergens du centre, les trois files de droite du cinquième peloton, & les trois files de gauche du quatrième, formeront la bafe de l'alignement du bataillon, & fe tiendront collés l'un à l'autre, bras à bras, fur l'alignement du Sergent qui marche derrière le drapeau de la droite.

Le chef du bataillon veillera continuellement fur l'alignement & l'enfemble du bataillon.

Si l'intervalle qui doit féparer chaque bataillon, du bataillon le plus voifin du côté de l'alignement, diminue ou augmente, le Sous-aide-major placé derrière la droite ou la gauche, fuivant le côté d'où viendra l'alignement, avertira *fur la droite*, ou *fur la gauche*. Le chef du bataillon fera fur le champ les commandemens :

$$\textit{Oblique} \begin{cases} \text{à droite,} \\ \text{ou} \\ \text{à gauche.} \end{cases} = \textit{marche.}$$

A ce commandement, le bataillon marchera le pas oblique, *à droite* ou à *gauche*, fans ceffer de regarder le centre : lorfque l'intervalle fera repris, le Sous-aide-major avertira, *en avant*. Le chef commandera :

En avant = marche.

A ce commandement, le bataillon marchera en avant, & l'Aide-major indiquera fur le champ un nouveau point de vue.

X

Si l'intervalle entre les bataillons diminuoit ou augmentoit, soit parce que le point de vue auroit été mal choisi, soit parce que le Commandant en chef auroit changé la direction du bataillon d'alignement, le chef commandera:

PLANCHE VI.   *Changez de direction* $\left\{\begin{array}{l} \textit{sur la droite,} \\ \text{ou} \\ \textit{sur la gauche.} \end{array}\right.$

A ce commandement, si on change de direction sur la droite, l'Aide-major indiquera sur le champ un point de vue un peu sur la droite; le Porte - drapeau avançant un peu l'épaule gauche, s'y dirigera dès son premier pas; le Sergent qui est derrière lui, se mettra à ce nouveau chef-de-file; les trois files de gauche de la division des drapeaux, en avançant l'épaule gauche, les trois files de droite, en reculant l'épaule droite, se conformeront à cette nouvelle direction d'alignement: l'aile droite du bataillon, en cédant un peu sur la droite, se conformera successivement à ce qui vient d'être prescrit pour les files de droite du peloton du centre; l'aile gauche du bataillon, en se rapprochant du peloton du centre, se conformera successivement à ce qui vient d'être prescrit pour les files de gauche de ce peloton.

Si le changement de direction étoit considérable, on ne l'exécuteroit pas tout d'un coup dans la portion de la ligne qui devroit avancer, mais peu à peu, sauf ensuite à rentrer dans la ligne en alongeant le pas, ou même en pressant la mesure.

La portion de la ligne qui devroit soutenir, pourroit l'exécuter tout de suite; mais dans tous les bataillons de la ligne, on doit faire raccourcir le pas aux drapeaux, jusqu'à ce que les ailes de chaque bataillon aient pris la nouvelle direction de leurs drapeaux.

Attentions du Commandant de la ligne, pour l'alignement général.

Le Commandant en chef doit d'abord indiquer quel fera, pendant la marche, le bataillon d'alignement. Comme c'eſt enſuite par le centre des bataillons qu'eſt établi l'alignement général de la ligne, ce fera par la poſition des drapeaux de chaque bataillon que le Commandant en chef jugera de la poſition particulière de chaque bataillon de la ligne, en abandonnant à chaque chef de bataillon le ſoin d'aligner ſon bataillon ſur lui-même : il doit veiller particulièrement ſur la direction du bataillon d'alignement.

S'il veut faire marcher obliquement *à droite* ou *à gauche*, il aura attention de faire reprendre de temps en temps la direction perpendiculaire au bataillon d'alignement, afin que les autres bataillons de la ligne puiſſent rétablir leur alignement ou leur intervalle.

S'il fait changer de direction ſur la droite ou ſur la gauche, il aura attention que ces mouvemens ſoient peu conſidérables, & fera ralentir la marche du bataillon d'alignement, juſqu'à ce que la ligne entière ſe ſoit conformée à la nouvelle direction.

Cette attention ſera encore plus particulièrement indiſpenſable, ſi, par le changement de direction, le bataillon d'alignement ſe trouve être le pivot de cette eſpèce de converſion.

Attentions du Commandant de Régiment dans une ligne.

Le Commandant d'un régiment, dans une ligne, doit veiller à ce que chaque chef de bataillon exécute avec exactitude & activité tout ce qui ſera ordonné ; il ſe portera par-tout où le beſoin l'exigera ; il ne répètera point les commandemens qui paſſeront directement du commandant de la ligne aux chefs de chaque bataillon.

Attentions des Chefs de Bataillon.

Le chef d'un bataillon faisant partie d'une ligne, doit répéter avec la plus grande rapidité tous les commandemens du Commandant en chef; il doit continuellement veiller à l'alignement de son bataillon, à l'ensemble du pas dans son bataillon : il est en outre particulièrement chargé de tenir son bataillon à hauteur du bataillon d'alignement, sur lequel il se règlera de préférence, quand il pourra en apercevoir la direction; il n'aura point égard alors aux bataillons plus près que lui du bataillon d'alignement, s'ils avoient pris une fausse direction.

Chaque bataillon dans la ligne observera sur-tout de ne jamais déborder le bataillon d'alignement.

Attentions des Chefs de peloton, des Serre-files & du Soldat dans la marche en bataille.

Les chefs de peloton, auront continuellement l'œil sur le peloton qui sera entr'eux & les drapeaux; ils remédieront aux plus petits défauts dans l'alignement, marcheront eux-mêmes correctement au même pas que le centre du bataillon.

Les serre-files veilleront sur les second & troisième rangs, avertiront à demi-voix lorsqu'ils apercevront quelque irrégularité, se tiendront toujours à deux pas de la troupe, alignés entr'eux.

Le Soldat aura attention de ne pas avancer hors du rang l'épaule opposée à l'alignement; il s'alignera sur la majeure partie du rang, depuis lui jusqu'au Commandant du peloton, vers lequel il aura la tête tournée; il ne débordera sur-tout jamais le rang; il marchera constamment le même pas que le centre

de

de son bataillon; & si la difficulté du terrein le lui fait perdre, il le reprendra aussitôt, en jetant les yeux sur les drapeaux.

Lorsque la ligne devra arrêter, le Commandant en chef commandera:

I.

Bataillon.

2.

Halte.

Au second commandement, le bataillon arrêtera, tournera la tête *à droite*, & les Porte-drapeaux & Sergens qui étoient en avant, rentreront à leur place.

Le Commandant en chef donnera l'alignement au bataillon d'alignement.

Chaque chef de bataillon se portera à la droite ou à la gauche pour aligner son peloton de droite ou de gauche: au commandement *alignez-vous*, ou *à gauche*, *alignez-vous*, le bataillon s'alignera sur le premier peloton aligné.

Le chef de bataillon, en plaçant son premier peloton, observera l'intervalle qui doit séparer son bataillon de celui qui est plus près que le sien du bataillon d'alignement.

A R T I C L E 2.

De la Marche en retraite.

LORSQU'ON voudra faire marcher par le dernier rang, on commandera:

I.

Bataillon.

2.

Demi-tour = à droite.

Le bataillon l'exécutera en deux temps.

Y

Ensuite on commandera:

3.

En avant.

4.

Marche.

Au troisième commandement, les deux Sergens placés au centre du deuxième rang du peloton des drapeaux, avanceront à quatre pas en avant des serre-files, en laissant entr'eux la place des deux Porte-drapeaux, qui viendront du premier rang se porter entr'eux deux.

Les Sergens de la droite & de la gauche du deuxième rang viendront former le centre du troisième rang devenu premier, & seront remplacés par les deux Sergens qui étoient à la droite & à la gauche du premier rang.

Au quatrième commandement, le bataillon marchera en avant par son dernier rang, les serre-files marchant bien alignés entr'eux; les Sergens qui seront alors au premier rang, veilleront à l'alignement des pelotons.

Le chef du bataillon indiquera le point de vue en avant au Porte-drapeau de gauche; le Sergent qui sera derrière ce Porte-drapeau, le maintiendra sur le point de vue; le chef du bataillon les surveillera l'un & l'autre, fera les commandemens, & restera toujours à sa place ordinaire, ainsi que l'Aide-major & le Sous-aide-major.

L'Aide-major veillera alors à l'alignement du bataillon sur lui-même & dans la ligne; il avertira le chef du bataillon s'il doit marcher obliquement à droite ou à gauche, raccourcir ou alonger le pas, ou changer la direction. Le Sous-aide-major veillera de même à l'intervalle.

ARTICLE 3.

Passage de l'obstacle en marchant en bataille.

Si une portion de bataillon rencontre un obstacle qui l'empêche de continuer sa marche, le chef de la division, ou peloton, se portera vivement deux pas en avant, & faisant face à sa troupe, commandera:

TITRE X.
ART. 3.

1.

Division ou *peloton = halte.*

2.

À droite & à gauche.

3.

Marche.

Au premier commandement, la division ou le peloton s'arrêtera.

Au deuxième commandement, la moitié fera *à droite*, l'autre moitié *à gauche*.

Au troisième commandement, ce qui a fait *à droite*, fera par file *à gauche;* ce qui a fait *à gauche*, fera par file *à droite:* chaque flanc suivra les trois premières files qu'il aura devant lui.

L'obstacle passé, on commandera:

En ligne.

PLANCHE V,
Fig. 3.

A ce commandement, le premier homme se portera au pas redoublé sur l'alignement du bataillon. Les deux hommes de sa file le suivront, & reprendront, ainsi que lui, le pas du bataillon: à mesure que chaque file trouvera jour à se remettre en ligne, elle exécutera le même mouvement.

Si l'obstacle se rencontroit vis-à-vis une division de l'aile du bataillon, cette portion ne se sépareroit point, & seroit *à droite* ou *à gauche*, pour suivre le reste de son bataillon.

Si l'obstacle couvroit le front du demi-rang, ou du bataillon, il fera la même manœuvre, en se divisant de droite & de gauche, par division ou par demi-rang.

Ce qui vient d'être expliqué pour la marche de plusieurs bataillons, indique avec quel soin il faut instruire chaque bataillon séparément, pour qu'il puisse exécuter avec précifion, dans une ligne, tout ce que les circonftances peuvent prefcrire.

On accoutumera donc chaque bataillon, féparément, à marcher perpendiculairement en avant, obliquement, à droite & à gauche, à raccourcir ou marquer le pas, comme fi un bataillon étoit trop en avant.

On l'accoutumera à alonger le pas, à changer de direction à droite ou à gauche : on fera quelquefois marcher le *pas redoublé*, comme fi un bataillon étoit refté en arrière de la ligne, mais jamais plus de quarante ou cinquante pas de fuite.

TITRE XI.

Différentes manières de rompre & former le régiment.

ARTICLE PREMIER.

Rompre & reformer le Régiment.

ON ne rompra jamais des bataillons, que par peloton ou divifion au plus.

Toutes les fois qu'on les fera rompre, on les fera reformer par les mouvemens contraires. On commandera :

1.

Par peloton ou *divifion,* { *A droite*
ou
à gauche.

2.

Marche.

3.
Halte.

On exécutera tous ces commandemens, comme il est expliqué au *Titre VIII.*

Pour reformer le bataillon, on **commandera:**

1.

À gauche ou *à droite en bataille.*

2.
Marche.

3.
Halte.

Aux deuxième & troisième commandemens, comme il est expliqué au *Titre IX, articles 2 & 3.*

ARTICLE 2.

Rompre en avant à droite ou à gauche.

On commandera:

1.

En avant, par peloton, { *à droite* / ou / *à gauche.* }

2.
Marche.

3.
Halte.

4.
Marche.

Au second commandement, le peloton de la droite ou de la gauche, suivant le côté par lequel on devra se rompre, marchera en avant & sera *halte*, au commandement de son chef, après avoir marché un nombre de pas égal à son front.

TITRE XI.
ART. 1.

Z

Tous les autres pelotons feront un mouvement de conversion *à droite*, ou *à gauche*; le chef de chaque peloton fera le troisième commandement *halte*, lorsqu'il sera perpendiculairement sur la ligne qu'il occupoit en bataille.

Au quatrième commandement, tous les pelotons marcheront en avant pour se porter successivement sur le terrein d'où sera parti le premier peloton, y feront un second mouvement de conversion *à gauche*, ou *à droite*, & prendront rang dans la colonne.

On pourra aussi former une colonne de marche en avant de sa droite ou de sa gauche, par demi-quart de de conversion, lorsque le terrein sera libre.

On commandera:

1.

En avant, par peloton, $\left\{ \begin{array}{c} \textit{demi à droite,} \\ \textit{ou} \\ \textit{demi à gauche.} \end{array} \right.$

2.

Marche.

3.

Halte.

4.

Marche.

Au second commandement, le peloton de la droite, ou de la gauche, se portera directement en avant; tous les autres feront *un demi-quart de conversion*.

Au troisième commandement, ils feront *halte*, au commandement de leur chef.

Au quatrième commandement, les pelotons se dirigeront par le plus court chemin pour prendre rang dans la colonne.

Lorsqu'un régiment étant en bataille devra rompre par la droite, pour marcher vers la gauche, ou rompre par la gauche, pour marcher vers la droite, le Commandant en chef se portera à l'aile droite, ou à l'aile gauche, fera le commandement *marche* au peloton de l'aile, le portera en avant jusque sur le terrein où le peloton devra converser. Chaque peloton de la ligne se portera successivement en avant, au commandement de son chef, qui aura attention de faire arriver son peloton au point où il devra converser, à l'instant où le peloton qui devra précéder le sien dans la colonne, sera prêt à abandonner le terrein.

Si le mouvement s'exécutoit par division, elles feroient ce qui vient d'être prescrit pour les pelotons.

TITRE XII.

CHANGEMENS DE POSITION.

En rompant { *à droite, pour faire face à gauche,*
à droite, pour faire face à droite,
à gauche, pour faire face à droite,
à gauche, pour faire face à gauche.

LE mécanisme de ces mouvemens a la propriété de donner à une ligne, dans les terreins les plus coupés, telle direction que le Commandant en chef juge à propos, soit en avant, soit en arrière de son front, pour faire face indistinctement à son flanc droit ou gauche, soit que le mouvement se soit fait par la droite, soit qu'il se soit fait par la gauche.

Ces mouvemens ont encore l'avantage que le Commandant en chef, en conduisant seulement le peloton de la tête, donne la direction à sa colonne, sans envoyer aucun ordre; qu'il peut encore non-seulement changer la direction à tous les instans du mouvement, mais même qu'il peut, ayant eu intention de faire face à son flanc gauche, se diriger tout d'un coup pour faire face à son flanc droit.

Le Commandant en chef dispose enfin de la totalité d'une ligne, de quelque nombre de bataillons qu'on la suppose, & peut à tout instant déterminer sa position, suivant les circonstances. Ce mouvement est encore le moyen le plus prompt pour refuser une aile.

ARTICLE PREMIER.

Principes généraux des changemens de position.

LE peloton de l'aile par laquelle se fera le mouvement, recevra toujours directement l'ordre du Commandant en chef, parce qu'il y a des cas où ce peloton fait d'abord un mouvement de conversion contraire à celui que doivent exécuter tous les pelotons de la ligne. Il est donc excepté des indications générales ci-après.

Si la ligne, après avoir rompu à droite, doit faire face à gauche, tous les pelotons devront marcher par leur flanc droit.

Si la ligne, après avoir rompu à droite, doit faire face à droite, tous les pelotons devront marcher par leur flanc gauche.

Si la ligne, après avoir rompu à gauche, doit faire face à droite, tous les pelotons devront marcher par leur flanc gauche.

Si la ligne, après avoir rompu à gauche, doit faire face à gauche, tous les pelotons devront marcher par leur flanc droit.

Les chefs de peloton se porteront toujours à côté de la première file du flanc par lequel on devra marcher.

Si, étant rompus à droite, les pelotons marchent par le flanc droit, les chefs de peloton, à mesure qu'ils prendront rang dans la colonne sur la nouvelle direction, se porteront à l'aile gauche de leur peloton, en faisant les commandemens *halte, front, tête à gauche*. Ils observeront l'inverse, lorsqu'étant rompus à gauche les pelotons marcheront par le flanc gauche.

Lorsque les pelotons marcheront par le flanc qui devra servir de pivot, en se reformant en bataille, les chefs de peloton resteront à ce flanc, & feront (en prenant rang dans la colonne sur la nouvelle direction) les commandemens *halte, front, à gauche, alignez-vous*, si on s'est rompu par la droite; *alignez-vous*, si on s'est rompu par la gauche.

Les pelotons marchant par le flanc droit, si le peloton de l'aile marche en avant pendant le mouvement, les chefs de peloton appuieront vers la tête de la colonne, pour observer leur distance, qui devra s'estimer de l'homme de la droite d'un peloton, à l'homme de la droite du peloton précédent, la distance parallèle entre les pelotons diminuant en raison de la direction plus ou moins oblique dans laquelle marcheront les pelotons.

Ils observeront, à l'instant où ils prendront rang dans la colonne sur la nouvelle direction, de laisser entre leur peloton & celui qui y est arrivé avant le leur, moins de distance que le front de leur peloton, afin de ne pas la perdre pendant qu'ils feront les commandemens qui seront indiqués pour l'instant où ils prendront rang dans la colonne.

Lorsque les pelotons marcheront par le flanc gauche, ils observeront leur distance de l'homme de gauche à l'homme de gauche.

Dans le même cas, ils doivent encore observer de

TITRE XII.
ART. I.

A a

faire le commandement *marche,* un instant avant d'avoir précisément leur distance, & de manière à prendre le même pas que les pelotons qui les précèdent.

La tête de la colonne, & successivement tous les pelotons qui y auront pris rang, marcheront le pas ordinaire; mais pour y arriver, ils marcheront le pas redoublé.

Les Serre-files veilleront à ce que les Soldats emboîtent bien, & qu'ils marchent toujours au pas du chef de peloton.

A R T I C L E 2.

Changement de position, en rompant à droite, pour faire face à gauche.

ON commandera:

1.

Par peloton ═ *à droite.*

2.

Marche.

3.

Halte.

4.

A droite.

5.

Marche.

Au premier commandement, chaque Commandant de peloton se portera deux pas en avant du centre de son peloton.

Au second commandement, la ligne fera, par peloton, un mouvement de conversion à droite.

Le troisième commandement ne fera fait que par les chefs de peloton, qui arrêteront le mouvement de conversion, lorsque leur troupe se trouvera perpendiculairement sur la ligne qu'elle occupoit avant ce mouvement.

Pendant que la ligne rompra, le premier peloton se portera en avant, en marchant un nombre de pas égal à son front; le Commandant en chef indiquera le point de vue en avant au chef de ce peloton; il fera exécuter un mouvement de conversion, pour placer sa troupe perpendiculairement sur la nouvelle ligne de direction.

Un Aide-major se portera dix ou douze pas en avant, en faisant face au premier peloton, & sera aligné par le chef de ce peloton sur le point de vue en avant.

L'Aide-major indiquera alors au Commandant en chef le point de vue en arrière dans le prolongement de la ligne qu'il formera avec le chef du premier peloton, qui se sera promptement placé à l'aile gauche.

Cet Aide-major restera jusqu'à ce qu'il soit relevé par l'Aide-major du bataillon suivant.

L'Aide-major du dernier bataillon restera jusqu'à ce que la ligne soit en bataille & alignée.

Au quatrième commandement, qui ne sera répété que par les chefs de bataillon, tous les pelotons seront *à droite*, excepté le deuxième & le troisième qui resteront face en tête pour se jeter, au cinquième commandement *marche*, par le chemin le plus court, dans la colonne, en se conformant à la direction du premier peloton : les chefs de ces pelotons resteront au pivot gauche.

Au cinquième commandement, qui ne sera répété que par les chefs de bataillon, tous ces pelotons, marchant par leur flanc droit au *pas redoublé*, conduits chacun par leur chef qui s'est placé au côté gauche de sa première file droite, viendront successivement prendre rang dans la colonne.

Les chefs de peloton observeront leur distance, ainsi qu'il a été prescrit, *article premier de ce titre*, & appuieront vers la tête de la colonne qui marchera en avant dans la nouvelle direction.

A mesure que la première file de chaque peloton

sera arrivée à hauteur de la file droite du peloton qui aura déja pris rang dans la colonne, son chef fera successivement les commandemens *halte*, *front*, *tête à gauche*, & venant en même temps se placer lestement à l'aile gauche & au chef-de-file, dans la nouvelle direction, commandera *marche*, pour prendre le pas du peloton qui le précédera dans la colonne.

Dès que la tête de la colonne sera arrivée au point où devra appuyer la droite de la ligne, on lui commandera *halte* : si tous les pelotons sont entrés dans la colonne, on la reformera en bataille, en se conformant à ce qui a été prescrit au *Titre IX, article 2*.

Si tous les pelotons n'étoient pas entrés dans la colonne, on pourroit faire mettre en bataille ceux qui seroient dans la nouvelle direction, & les autres arriveroient successivement, & seroient mis en bataille, bataillon par bataillon.

Pendant que la colonne se portera en avant, le Commandant en chef en gouvernera la direction par les moyens prescrits, *Titre IX, article premier*.

A R T I C L E 3.

Changement de position, en rompant à droite pour faire face à droite.

On commadera :

I.

Par peloton = à droite.

2.

Marche.

3.

Halte.

4.

À gauche.

5.

Marche.

Aux trois premiers commandemens, comme aux trois premiers de *l'article 2 de ce Titre*, excepté qu'au second le premier peloton rompra à droite avec le reste de la ligne: le chef de ce peloton recevra ensuite du Commandant en chef le point de vue en avant; il placera son peloton perpendiculairement sur la nouvelle ligne de direction, en continuant le mouvement de conversion à droite.

Il n'y a de différence entre ce mouvement & le précedent, si ce n'est qu'au quatrième commandement les pelotons seront *à gauche*, pour marcher par leur flanc gauche, & qu'en prenant rang dans la colonne, les chefs de peloton se trouvant à leur place, doivent se mettre correctement à leur distance, & au nouveau chef-de-file, en faisant les commandemens *halte, front, tête à gauche, marche.*

A R T I C L E 4.

Changement de position, en rompant à gauche pour faire face à droite.

ON commandera:

1.

Par peloton = à gauche.

2.

Marche.

3.

Halte.

4.

à gauche.

5.

Marche.

Au premier commandement, les chefs de peloton se porteront deux pas en avant du centre de leur peloton.

B b

Au second commandement, la ligne rompra par peloton à gauche; le peloton de l'aile gauche se portera en avant de l'étendue de son front; son chef recevra du Commandant en chef le point de vue en avant, placera son peloton perpendiculairement sur la nouvelle ligne de direction, par un mouvement de *conversion à droite*, se placera au pivot droit, & alignera un Aide-major sur le point de vue en avant. Cet Aide-major indiquera au Commandant en chef le point de vue en arrière

Le troisième commandement *halte* sera fait par chaque chef de peloton, lorsque le mouvement de conversion sera fini.

Au quatrième commandement, tout sera *à gauche.*

Au cinquième commandement, tout marchera le *pas redoublé* par le flanc gauche, à l'exception des deux pelotons les plus près du premier peloton, qui se jetteront, par le plus court chemin, dans la nouvelle direction.

Les chefs de peloton appuieront à droite, pour se rapprocher de la tête de la colonne, en observant leur distance, ainsi qu'il a été prescrit à *l'article premier de ce Titre.*

En prenant rang dans la colonne, ils feront les commandemens *halte, front, marche,* en se portant au pivot droit, & en se conformant à ce qui a été prescrit à *l'article premier de ce Titre.*

Le chef du premier peloton marchera au point de vue, en avant, en se conformant à ce qui a été prescrit au *Titre IX, article premier.*

Le Commandant en chef conduira la colonne avec les attentions prescrites au *Titre IX, article premier.*

Lorsque la colonne sera formée, & que la tête sera arrivée au point où devra être appuyée la gauche de la ligne, on lui commandera *halte*, & on la fera former en bataille, en observant les attentions prescrites au *Titre IX, article 2.*

11. Juin 1774.

ARTICLE 5.

Changement de position, en rompant à gauche pour faire face à gauche.

ON commandera :

1.

Par peloton = à gauche.

2.

Marche.

3.

Halte.

4.

À droite.

5.

Marche.

Aux trois premiers commandemens, comme à *l'article 4 de ce Titre*, pour tous les pelotons de la ligne ; excepté qu'au deuxième le peloton de l'aile gauche recevra du Commandant en chef le point de vue en avant. Le chef de ce peloton continuera le mouvement de *conversion à gauche*, qu'il arrêtera aussitôt que son peloton sera perpendiculairement sur la nouvelle ligne de direction ; il se placera au pivot droit, & alignera l'Aide-major sur le point de vue en avant : cet Aide-major indiquera le point de vue en arrière.

Au quatrième commandement, tous les pelotons, excepté les second & troisième de l'aile gauche, seront *à droite*.

Au cinquième commandement, tous les pelotons marcheront par le flanc droit, chaque chef de peloton se plaçant au côté gauche du premier homme de la file droite.

Les deuxième & troisième pelotons de l'aile gauche se jetteront, par le plus court chemin, dans la nouvelle direction, & se mettront le plus promptement possible au nouveau chef-de-file, à leur distance, & au même pas que le peloton de la tête.

A mesure que chacun des autres pelotons prendra rang dans la colonne, chaque chef fera les commandemens *halte, front & marche*, en se conformant à la nouvelle direction de la colonne, & au pas des pelotons placés avant le sien: pendant la marche par le flanc, ils se rapprocheront vers la tête de la colonne, & observeront pour leur distance ce qui a été prescrit à *l'article premier de ce Titre.*

PLANCHE XI.   Lorsqu'on devra exécuter ces changemens de position, sans que le peloton de l'aile droite ou gauche, marche en avant, le Commandant en chef donnera tout de suite la direction au peloton de l'aile droite ou gauche, prendra un point de vue en arrière, & n'en fera point prendre en avant.

On se conformera au surplus à tout ce qui vient d'être prescrit pour les changemens de position en marchant; excepté qu'en prenant rang dans la colonne, chaque chef de peloton doit prendre sa distance, de manière qu'elle se trouve juste en faisant les commandemens *halte, front, alignez-vous,* ou *à gauche, alignez-vous.*

Dès qu'un bataillon sera dans la nouvelle direction, on pourra le faire mettre en bataille, en se conformant à ce qui a été prescrit au *Titre IX,* suivant que la ligne aura été rompue à droite ou à gauche.

ARTICLE 6.

Changement de position centrale.

Principes généraux.

SI on prend pour division de direction précisément le peloton du centre de la ligne, on ne peut gagner du terrein en avant ou en arrière de son front primitif; que lorsque tous les pelotons ont pris rang dans la colonne.

Si on a pris pour division de direction un peloton

plus

plus rapproché d'une des ailes, on ne pourra porter la colonne en avant, que lorsque tous les pelotons qui doivent passer en avant du peloton de direction auront pris rang dans la colonne.

Le Commandant en chef se portera au peloton qu'il aura choisi pour peloton de direction, indiquera le point de vue en avant: le chef du peloton, par un mouvement de conversion *à droite* ou *à gauche*, placera sa troupe perpendiculairement sur la nouvelle ligne de direction, & se placera au pivot.

Le peloton, qui dans la ligne étoit à la gauche ou à la droite de celui de direction, se jettera promptement dans la nouvelle ligne de direction, derrière le peloton sur lequel se fera le mouvement, en observant sa distance, & en se plaçant au chef-de-file du point de vue en avant, & de l'Officier qui est à l'aile du peloton de direction.

Changement de position centrale à gauche, la droite en tête.

On commandera:

1.
Par peloton = à droite.

2.
Marche.

3.
Halte.

4.
À gauche & à droite.

5
Marche.

Au premier commandement, les chefs de peloton se porteront à deux pas en avant du centre de leur peloton.

TITRE XII.
ART. 6.

PL. XII.

C c

Au second commandement, toute la ligne rompra par peloton à droite, les deux pelotons qui sont dans la direction ne bougeront pas: le mouvement de conversion fini, les chefs de peloton feront le troisième commandement *halte*.

Au quatrième commandement, les pelotons de l'aile droite feront *à gauche*, les pelotons de l'aile gauche feront *à droite*.

Au cinquième commandement, les premiers marcheront au pas redoublé par le flanc gauche, & les derniers par le flanc droit conduits chacun par leur chef.

Les chefs de tous les pelotons de la tête, qui viennent successivement prendre rang dans la colonne, en passant par-devant le peloton de direction, commanderont *halte*, pour arrêter leur flanc gauche, en s'alignant à gauche, sur les deux Officiers qui sont placés à l'aile gauche des deux pelotons de direction; ils resteront en files ainsi que leur peloton, ne commanderont *front* & ne l'exécuteront eux-mêmes que lorsque tous les pelotons de la tête auront pris rang dans la colonne, & sur le commandement qui leur en sera fait par le Commandant en chef.

Les chefs des pelotons qui viennent successivement prendre rang dans la colonne, en passant derrière le peloton de direction, conduiront leur file droite à hauteur de la file droite du peloton rangé avant les leurs dans la colonne, & commanderont tout de suite *halte, front, tête à gauche*, en se portant promptement au pivot gauche, pour y prendre le chef-de-file, & rectifier leur distance.

La colonne étant formée, on lui fera les commandemens pour se mettre en bataille, en se conformant à ce qui est prescrit au *Titre IX*, excepté que les pelotons qui auront pris les distances en avant du peloton de direction, s'aligneront à gauche sur les pivots: aussitôt après le mouvement de conversion

11. Juin 1774.

fini, chaque chef commandera : *halte , à gauche,* | TITRE XII.
alignez-vous.   ART. 6.

Changement de position centrale à droite, PL. XIII.
la gauche en tête.

Le peloton choisi pour peloton de direction, recevra du Commandant en chef le point de vue en avant; le chef de ce peloton le placera par un mouvement de conversion à gauche, perpendiculairement sur la nouvelle ligne de direction, & se placera au pivot droit.

Le peloton qui dans la ligne étoit à la droite de celui de direction, se placera tout de suite parallèlement & derrière ce peloton; son chef se portera au pivot droit, & se mettra à son chef-de-file sur le point de vue en avant & sur l'Officier de l'aile droite du peloton de direction.

Ces dispositions faites, on fera les commandemens pour rompre la ligne à gauche.

I.

Par peloton = à gauche.

2.

Marche.

3.

Halte.

4.

À gauche & à droite.

5.

Marche.

Aux trois premiers commandemens, on rompra *à gauche,* comme on s'est rompu *à droite.*

Au quatrième commandement, les deux pelotons de direction ne bougeront pas; les pelotons de l'aile gauche feront *à droite,* les pelotons de l'aile droite feront *à gauche.*

Au cinquième commandement, les premiers marchant par le flanc droit, viendront successivement prendre rang dans la colonne en avant du peloton de direction.

Les chefs de peloton s'aligneront eux-mêmes à droite, & resteront, ainsi que leurs pelotons, en file, jusqu'à ce que la colonne soit formée, & qu'il leur soit commandé de faire *front*.

Les derniers marchant par le flanc gauche, viendront successivement prendre rang dans la colonne, derrière le peloton de direction, & se conformeront à ce qui a été prescrit à *l'article premier de ce Titre*, pour les pelotons qui viennent prendre rang dans une colonne, en marchant par le flanc opposé à celui qui doit servir de pivot pour se mettre en bataille.

Le Commandant en chef fera ensuite les commandemens pour reformer la colonne en bataille, ou pour la faire marcher en avant sur cette nouvelle direction: ces mouvemens serviront aussi pour changer la direction d'une colonne.

Une ligne, qui ayant rompu à gauche devra faire un changement de position centrale, de manière que la droite soit en tête, exécutera d'abord la contre-marche, en observant du reste ce qui a été prescrit ci-dessus.

On exécuteroit de même la contre-marche, si une colonne ayant sa droite en tête devoit faire un changement de position centrale avec sa gauche en tête.

Lorsqu'un régiment ou plusieurs seront sur deux lignes, & qu'on fera exécuter un changement de position centrale à la première ligne, la deuxième suivra le mouvement de la première, en exécutant un changement de position par une aile ou par l'autre.

Exemple.

La première ligne faisant un changement de position
centrale

centrale à gauche, la droite en tête, la seconde rompra
à droite pour faire face à gauche: le Commandant
en chef conduira le peloton de l'aile droite, de manière
à conserver cette aile derrière l'aile droite de la première
ligne, dont il suivra tous les mouvemens; il s'attachera
à donner à sa nouvelle position une direction parallèle
à la première ligne.

Si, le mouvement fini, il se trouvoit que la distance
ordonnée entre les première & deuxième lignes, fut
augmentée, il marcheroit ensuite en avant pour se
rapprocher.

Si la première ligne fait un changement de front
centrale à droite, la gauche en tête, la seconde ligne
rompra à gauche pour faire face à droite, & la ligne
entière recevra la direction du peloton de l'aile gauche.

A R T I C L E 7.

Changement de front, en marchant par le front
des pelotons.

Pour changer de front à droite, on commandera:

1.

Changement de front à droite = par peloton.

2.

Marche.

Au premier commandement, chaque chef de peloton
avancera un peu l'épaule gauche, pour faire face à la
direction dans laquelle il doit marcher.

Au second commandement, tout le peloton marchera
le pas redoublé, en avançant un peu l'épaule gauche,
pour se conformer à la direction de son Officier, qui,
se dirigeant sur la file gauche du peloton qui le précédera, portera son peloton sur le nouvel alignement du
premier peloton dont on aura dirigé l'aile gauche sur
un point de vue choisi.

TITRE XII.
ART. 6.

P l. XIV.

D d

En arrivant à la hauteur du troisième rang du peloton arrivé avant le sien, chaque chef de peloton commandera, *halte, alignez-vous*.

Pour changer de front à gauche, on commandera:

1.

Changement de front à gauche = par peloton.

2.

Marche.

Chaque chef de peloton se portant lestement à l'aile gauche & avançant l'épaule droite, se conformera par la gauche à ce qui vient d'être prescrit pour le changement de *front à droite*, & commandera à son peloton, *tête à gauche*, en même temps qu'il se portera à gauche.

Aussitôt que son peloton sera aligné, il repassera l'aile promptement à sa place ordinaire.

TITRE XIII.

Des Déploiemens des colonnes serrées.

ARTICLE PREMIER.

Principes généraux des Déploiemens.

Le Commandant en chef déterminera d'avance, autant que les circonstances le permettront, les points de direction de sa droite & de sa gauche, par les moyens prescrits, *Titre IX, article premier.*

Lorsqu'une colonne approchera du terrein sur lequel elle devra se déployer, le Commandant en chef fera le commandement *serrez à demi-distance*.

A ce commandement, répété par les chefs de bataillon, la tête de la colonne, continuant de marcher le pas ordinaire, les chefs de peloton commanderont, *pas redoublé = marche.*

Tous les pelotons prendront le pas redoublé; à mesure que chacun sera serré à demi-distance, il reprendra le pas ordinaire, au commandement de son chef.

Lorsque les derniers pelotons de la colonne auront serré à demi-distance, le Commandant en chef commandera: *formez = les divisions.* A ce commande-ment, répété par les chefs de bataillon, les chefs de peloton commanderont: *oblique à droite = marche,* pour les pelotons impairs; *oblique à gauche = marche,* pour les pelotons pairs dans les colonnes qui auront leur droite en tête: l'inverse s'observeroit pour former les divisions dans une colonne qui auroit sa gauche en tête. Dès que les pelotons d'une même division se feront respectivement démasqués, les chefs des pelotons impairs commanderont, *en avant = marche,* en même temps que les chefs de pelotons pairs commanderont, *pas redoublé = marche,* pour se porter à côté des pelotons impairs, & en reprendre le pas, en commandant, *pas ordinaire = marche.*

Les divisions étant formées, les chefs de division se tiendront un pas en avant du centre de la division, ayant derrière eux, au premier rang, le chef du second peloton de la division. Le chef du huitième peloton de chaque bataillon sera seul excepté de cette règle générale, & restera à sa place ordinaire au flanc gauche de son peloton. Le Commandant en chef commandera alors, *serrez en masse.* A ce commande-ment, répété par les chefs de bataillon, les chefs de division commanderont, *pas redoublé = marche,* & feront serrer tout de suite leur division à deux pas de distance: les Officiers, Fourriers & Sergens de serre-file, serreront contre le troisième rang de leur division;

la tête de la colonne continuera de marcher au pas ordinaire, & chaque division se conformera à ce pas, à mesure qu'elle sera serrée à la distance prescrite.

Lorsque le Commandant en chef commandera *halte*, toutes les divisions, à mesure qu'elles seront serrées, arrêteront au commandement de leur chef.

Le Commandant en chef arrêtera toujours la division de la tête de la colonne, sur le terrein que la ligne devra occuper après le déploiement, & dirigera l'alignement de cette division sur les points de vue de sa droite & de sa gauche.

Si les circonstances ne lui ont pas permis de déterminer ces deux points, il donnera à cette division la direction la plus conforme à ses vues, & verra sur quel point porte sa direction, afin de les indiquer à l'Officier qui mènera le déploiement de la division de la tête, & aux chefs de bataillon qui se seront portés auprès du Commandant en chef, pour recevoir de lui les points de direction.

Si la colonne a sa droite en tête, & qu'elle doive se déployer sur une des divisions de la colonne, c'est-à-dire, par sa droite & par sa gauche, le Commandant en chef choisira de préférence, un point de vue saillant vers la droite, & pourra se passer du point de vue de gauche: si la colonne a sa gauche en tête, & qu'elle doive se déployer par sa gauche & par sa droite, le Commandant en chef choisira de préférence, un point de vue saillant vers sa gauche, & pourra se passer du point de vue de droite.

Si la colonne a sa droite en tête, & si elle doit se déployer toute entière sur sa gauche, sa première division étant division d'alignement, le Commandant en chef choisira un point de vue saillant vers la gauche.

Si

Si la colonne a fa droite en tête, & qu'elle doive fe déployer toute entière par fa droite, fa dernière divifion étant divifion d'alignement, le Commandant en chef choifira un point de vue faillant vers la droite.

Toutes les fois que la divifion de la tête de la colonne ne fera point la divifion d'alignement, la divifion défignée, auffitôt qu'elle fera démafquée, fe portera, au pas ordinaire, fur le terrein qu'occupoit la divifion de la tête de la colonne, dont l'alignement aura été marqué par deux Sergens de ferre-file, placés par le Commandant en chef contre le front de cette divifion, l'un devant l'homme de fa droite, l'autre devant l'homme de fa gauche, & dans la direction des points de vue donnés.

Si les points de vue n'ont pas pu être déterminés d'avance, le Commandant en chef cherchera, en paffant alternativement à la droite & à la gauche des deux Sergens, un point de vue pour la droite & un pour la gauche.

La divifion d'alignement fe portera contre & en arrière de ces deux hommes, de manière que, l'alignement pris, les points de direction fe trouvent précifément en avant du front.

Toutes les fois qu'une colonne aura fa droite en tête, les divifions auront la tête à gauche, foit en ferrant, foit après avoir ferré, & jufqu'au commandement *halte*. On obfervera l'inverfe dans une colonne ayant fa gauche en tête.

Si une colonne, ayant fa droite en tête, arrive par-derrière la droite du terrein qu'elle doit occuper en bataille, elle fe déploiera fur fa première divifion, & toute entière par fa gauche.

E e

Si une colonne, ayant sa droite en tête, arrive par-derrière la gauche du terrein qu'elle doit occuper en bataille, elle se déploiera sur sa dernière division, & toute entière par sa droite.

Si une colonne, ayant sa droite en tête, arrive sur une autre portion du terrein qu'elle doit occuper en bataille, le Commandant en chef désignera la division qui devra servir de division d'alignement, suivant la quantité de bataillons qui devront se porter à droite ou à gauche. Toutes les divisions de la tête, qui devront déployer par la droite, feront *à droite ;* les divisions de la queue qui devront déployer par la gauche, feront *à gauche*, au commandement du Commandant en chef, répété par les chefs de bataillon.

Dans tous les cas précédens, une colonne qui auroit sa gauche en tête, observeroit l'inverse.

On évitera, avec le plus grand soin, d'invertir l'ordre des compagnies dans les bataillons ; mais lorsque les circonstances l'exigeront, on invertira l'ordre des bataillons dans les régimens, l'ordre des régimens dans les brigades, l'ordre des brigades dans la ligne.

Les déploiemens se feront toujours au pas redoublé. Aussitôt que les divisions auront fait *à droite* ou *à gauche*, l'Officier de serre-file le plus près du flanc par lequel sa division devra marcher, se portera à ce flanc devant l'homme du premier rang : cet Officier de serre-file comptera un nombre de pas égal au front de sa division, en commençant à compter son premier pas au commandement *halte*, fait à la division qui déploie avant la sienne. Le chef de chaque division aura attention de commander *halte*, aussitôt qu'il verra que sa division aura marché un nombre de pas égal à son front. On établira pour règle générale, la proportion de pas suivante:

TITRE XIII.
Art. I.

Pour 10 files. . . . 7 pas & demi.
Pour 20 files. . . . 15.
Pour 40 files. . . . 30.

Les Aides-major & Sous-aides-major de chaque bataillon, suivront le déploiement, & remédieront promptement aux plus petites irrégularités dans les distances; de manière que, si une division avoit pris plus ou moins de distance qu'il ne lui en faut, la faute ne se communiquât pas successivement à toutes les divisions de la colonne.

Pour que ces Officiers-majors puissent remédier aux irrégularités du déploiement, il faut qu'ils se tiennent sur le front du déploiement, dans la partie qui déploie sur sa première division, & derrière le déploiement dans la partie de la colonne qui se déploie sur sa dernière division.

E X E M P L E.

Déploiement d'une colonne de deux bataillons ayant sa droite en tête, arrivant par le centre du terrein qu'elle doit occuper après le déploiement.

PL. XV.

LES points de vue choisis, la compagnie de Grenadiers du premier bataillon étant alignée, les deux Sergens de serre-file étant placés en avant de son front, l'un vis-à-vis son homme de droite, l'autre vis-à-vis son homme de gauche, les points de direction étant indiqués aux chefs de bataillon, le Commandant en chef commandera:

I.

Quatrième division du premier bataillon ne bouge.

2.

A droite & à gauche.

3.

Marche.

Au second commandement, répété par les chefs de bataillon, la compagnie de Grenadiers & les trois premières divisions du premier bataillon, feront *à droite*, le second bataillon sera *à gauche*; le Capitaine de Grenadiers du premier bataillon se placera à côté de l'homme de droite de sa compagnie, faisant face au point de vue de la droite; il choisira sur le champ quelques points intermédiaires sur le terrein, entre l'objet indiqué & lui-même.

Au troisième commandement, répété par les chefs de bataillon, toutes les divisions qui auront fait *à droite*, marcheront par leur flanc droit, les Officiers de serre-file placés à ce flanc s'alignant, & observant à gauche la distance de deux pas. Les divisions qui ont fait *à gauche*, marcheront par le flanc gauche; les Officiers de serre-file placés à ce flanc s'aligneront & observeront leur distance à droite.

Aussitôt que la troisième division du premier bataillon aura marché un nombre de pas égal à son front, son chef lui commandera, *halte, front, tête à gauche*, en se portant à la gauche de sa division.

Aussitôt que la quatrième division du premier bataillon sera démasquée, son chef qui sera placé à l'aile gauche lui commandera, *marche*, & la portera au pas ordinaire sur l'alignement de la division de la tête; le chef de la troisième division attendra pour lui commander *marche*, qu'elle soit démasquée par la seconde division, le déploiement continuant ainsi pour chaque division de la droite, qui se portera successivement par échelons au pas ordinaire sur le nouvel alignement : à mesure que chaque division de droite arrivera sur le nouvel alignement, son chef lui commandera, *halte, à gauche, alignez-vous*. La compagnie

de

de Grenadiers du premier bataillon, si elle a été correctement dirigée sur le point de vue de droite, fera *halte, front*, & s'alignera à gauche, au commandement de son Officier. Le chef du bataillon, en se portant à mesure le long du front, dirigera l'alignement de son bataillon sur le point de vue de droite. Aussitôt que chaque division sera alignée, son chef se portera à la droite à sa place ordinaire.

Pendant que ceci s'exécute par la droite, la première division du second bataillon, après avoir marché un nombre de pas égal à son front, & aux six toises nécessaires pour l'intervalle entre les bataillons, fera *halte, front*, au commandement de son chef, qui se portant à la droite, lui commandera *alignez-vous*. A ce commandement, la division se redressera parallèlement à la nouvelle ligne de direction, il lui commandera ensuite, *marche*, pour la porter sur le nouvel alignement. La seconde division, la troisième, la quatrième & la compagnie de Grenadiers, se conformeront à ce qui vient d'être prescrit pour la première division de ce bataillon. Toutes ces divisions en se déployant, marcheront un peu obliquement à droite, en observant sur-tout de rester toujours un peu en-deçà de la nouvelle ligne de direction. A mesure que chaque division arrivera sur le nouvel alignement, son chef lui commandera, *halte, alignez-vous*. Le chef du second bataillon dirigera l'alignement vers le point de vue de gauche, ainsi qu'il a été prescrit pour le chef du premier bataillon; & s'il n'y en avoit pas d'indiqué, il se conformeroit à l'alignement du premier bataillon, en se retournant de temps en temps pour en suivre la direction.

Une colonne rompue par la droite ou par la gauche, voulant se déployer tout d'un coup pour faire front par son premier rang du côté opposé à sa marche, fera la contre-marche, soit par peloton, soit par division,

F f

mais exécutera ce mouvement avant d'avoir serré en masse.

La contre-marche exécutée, le Commandant en chef fera serrer à demi-distance si la colonne marchoit avant le mouvement, avec distance entière entre les pelotons ; fera former les divisions si la colonne étoit encore par peloton, & ensuite serrer en masse.

Il fera ensuite déployer, en se conformant à ce qui vient d'être prescrit.

Si l'on se trouvoit sur deux colonnes, composées, l'une des droites de première & seconde lignes, l'autre des gauches de première & seconde lignes, le Commandant en chef déterminera les points de vue pour la première ligne, indiquera la colonne qui devra servir de direction, & fixera combien de bataillons de chaque colonne devront se déployer par la droite, & combien par la gauche.

Deux Aides-major chercheront aussitôt les points de vue intermédiaires, & se placeront de façon à marquer exactement la distance nécessaire en proportion du nombre de bataillons qui devront se déployer pour remplir le vide qui est entre les deux colonnes.

Si la colonne de droite sert d'alignement, les Commandans en chef des autres colonnes se tiendront à la gauche de leur tête, commanderont *tête à gauche,* & les dirigeront sur celles de la colonne de la droite. On pratiquera l'inverse quand la colonne de la gauche servira d'alignement.

Les têtes des colonnes de la seconde ligne observeront pendant la marche la distance prescrite, & se déploieront ensuite parallèlement à la première. Le reste s'exécutera comme il a été dit ci-dessus.

ARTICLE 2.

Déploiement d'une colonne serrée, en commençant par placer les bataillons à côté les uns des autres, chaque bataillon restant en colonne.

UNE colonne serrée en masse, de quelque nombre de bataillons qu'elle soit composée, & formée par divisions, devant déployer sur un terrein qui manqueroit de profondeur, & qui ne permettroit pas aux divisions de la queue de se porter par la diagonale sur le nouvel alignement, se déploiera de la manière suivante :

Dans cet exemple, on a supposé une colonne de quatre bataillons.

On commencera par placer les quatre bataillons en colonne à côté les uns des autres, par les moyens suivans.

Le Commandant en chef désignera le bataillon d'alignement. Dans cet exemple, ce sera le troisième. On commandera :

1.

Troisième bataillon ne bouge.

2.

A droite & à gauche.

3.

Marche.

Au second commandement, le premier & le deuxième bataillon feront *à droite*, le quatrième fera *à gauche*.

Au troisième commandement, le premier & le deuxième marcheront par leur flanc droit. Aussitôt que le deuxième aura démasqué le troisième, on lui commandera *halte, front, tête à gauche*.

Le chef du troisième bataillon commandera en même temps *marche* à ce bataillon, qui, avec la tête à gauche, avancera au pas ordinaire, & s'arrêtera sur l'alignement du premier rang du premier bataillon, marqué par deux bas Officiers.

Le deuxième bataillon étant démasqué par le premier, avancera de même, pour se porter & s'arrêter sur l'alignement.

Le premier bataillon, après avoir démasqué le deuxième, fera *halte, front, tête à gauche,* & s'alignera aux deux autres.

Le quatrième bataillon, après avoir fait *à gauche,* marchera par son flanc, pour se démasquer de derrière le troisième; lorsqu'il se sera démasqué, on lui commandera *halte, front, marche,* pour se porter au pas ordinaire, & s'arrêter sur l'alignement, par les commandemens *halte, alignez-vous.*

Les compagnies de Grenadiers dans les bataillons impairs, les premières divisions dans les bataillons pairs, seront alors sur le même alignement, & seront chacune suivies par les autres divisions dans l'ordre qu'elles ont dans les bataillons.

On portera les quatre bataillons, joints les uns aux autres, sur le terrein sur lequel on voudra les déployer, & ils seront ainsi susceptibles de l'être sur telle division qu'on jugera à propos, suivant le terrein qu'on aura à occuper sur la droite ou sur la gauche. Dans cet exemple, ils seront supposés arrivant sur le terrein du déploiement, n'ayant de place à gauche que pour deux bataillons.

En arrivant sur le terrein où doit se faire le déploiement, tout fera *halte,* & s'alignera *à droite :* le Commandant en chef veillera de la droite à ce que l'alignement soit dirigé sur le point de vue de la gauche.

Il placera deux Sergens sur le front de la première
division

division du bataillon, dans lequel se trouvera la division d'alignement.

Dans cet exemple, la compagnie de Grenadiers du second bataillon sera division d'alignement.

Les deux premiers bataillons se déploieront sur leur dernière division, les deux derniers sur la première.

On commandera :

1.

A droite & à gauche.

2.

Marche.

Au premier commandement, les deux premiers bataillons feront *à droite*, excepté la compagnie de Grenadiers du second bataillon. Les troisième & quatrième feront *à gauche*.

Les chefs de toutes les premières divisions, ou des compagnies de Grenadiers qui seront en tête, se porteront tout de suite au côté gauche de leur homme de droite dans les bataillons qui auront fait *à droite*; au côté droit de leur homme de gauche dans les bataillons qui auront fait *à gauche*, & feront face du côté par lequel ils devront déployer; ils seront remplacés par le Sergent du troisième rang. Ils règleront le pas de leur bataillon, en se conformant eux-mêmes au pas de l'Officier qui conduira le bataillon qui les précède.

Au deuxième commandement, tout se mettra en marche par le flanc droit & gauche, le premier rang se dirigeant sur le point de vue, en le laissant un peu découvert.

La compagnie de Grenadiers du troisième bataillon, après avoir marché un nombre de pas suffisant pour donner l'intervalle du bataillon, s'arrêtera, fera *front*, & s'alignera à droite : les quatre autres divisions de ce même bataillon se porteront par la ligne la plus courte sur l'alignement ordonné; à mesure qu'elles se feront succeſſivement démaſquées, elles ſe conformeront dans chaque bataillon à ce qui a été preſcrit pour le déploiement par la gauche.

Au commandement *halte*, fait à la quatrième diviſion du troiſième bataillon, la première diviſion du quatrième marchera dix-huit pas, pour donner l'intervalle du bataillon : on lui commandera, *halte, front, alignez-vous*, pour s'aligner à droite ; les autres diviſions ſe conformeront enſuite à ce qui vient d'être preſcrit pour celles du troiſième bataillon. En même temps que ceci s'exécutera par la gauche pour le troiſième & le quatrième bataillon, la compagnie de Grenadiers du deuxième bataillon, qui ſeule n'a pas bougé, attendra qu'elle ſoit démaſquée ; auſſitôt qu'elle le fera, elle ſe portera, avec la tête à gauche, ſur l'alignement ordonné. Lorſque l'Officier qui la commandera prononcera *marche*, le chef de la quatrième diviſion qui aura commandé *halte* lorſque cette diviſion aura marché le nombre de pas ſuffiſant pour démaſquer la compagnie de Grenadiers, commandera *halte, front, tête à gauche*, & attendra dans cette poſition qu'il ſoit démaſqué par la troiſième diviſion ; ainſi de ſuite juſqu'à ce que la première diviſion du ſecond bataillon ait fait *halte & front*.

Lorſque le chef de cette diviſion commandera *halte*, la quatrième diviſion du premier bataillon marchera dix-huit pas pour l'intervalle du bataillon, fera enſuite *halte, front, tête à gauche*, & ſe portera ſur l'alignement du ſecond bataillon lorſqu'elle ſera démaſquée.

Les autres diviſions ſe conformeront à ce qui vient d'être expliqué pour toutes celles du ſecond bataillon ; de manière que dans la partie qui déploiera à droite, le déploiement commencera par la dernière diviſion ou les Grenadiers de la queue dans chaque bataillon, tandis que, dans la partie qui déploiera par la gauche, le déploiement commencera dans chaque bataillon par la division de la tête ou les Grenadiers de la tête.

Chaque chef de bataillon se placera à mesure dans l'intervalle de son bataillon, dirigeant l'alignement sur le point de vue de gauche dans les bataillons qui s'aligneront à droite, & sur le point de vue de droite dans les bataillons qui s'aligneront à gauche.

Ce déploiement, en apportant les bataillons à côté les uns des autres, peut servir pour éviter l'inversion dans le cas où une colonne ayant sa droite en tête, devroit déployer par la droite sur sa première division, ou dans le cas où une colonne ayant sa gauche en tête, devroit déployer par sa gauche sur sa première division, pour déborder l'ennemi: dans ces deux cas, le déploiement commenceroit successivement dans chaque bataillon par la division de la queue.

ARTICLE 3.

Pour prendre les distances par la queue de la colonne.

LORSQU'UNE colonne formée par sa droite, étant d'abord serrée en masse pour se déployer en avant, croyant l'ennemi devant elle, sera ensuite forcée, par les circonstances, de se mettre en bataille pour faire face à gauche, en se prolongeant dans la direction de sa marche, le Commandant en chef commandera:

I.

Halte.

2.

Par la queue de la colonne = prenez vos distances.

3.

Marche.

Au premier commandement, la colonne arrêtera.

Au deuxième commandement, le Commandant en chef se portera à la queue de la colonne, indiquera à la tête & aux chefs de division ou peloton, qui se porteront tout de suite sur les pivots gauche, un point de vue en avant, sur lequel ils se dirigeront.

Au troisième commandement, toute la colonne prendra le *pas redoublé*, à l'exception de la dernière division ou peloton de la queue de la colonne, qui resterera de pied-ferme. Chaque chef de division, après avoir donné à celle qui le suit, la distance nécessaire, commandera *division* = *halte*. Il ne fera ce commandement que lorsqu'il en sera averti à demi-voix par le chef de division qu'il précède.

A mesure que les divisions se trouveront de pied-ferme, chaque chef de division, après avoir vu arrêter celle qui précédoit la sienne, se tournera à droite, faisant face au Soldat qui devra servir de pivot, pour l'aligner sur les pivots des divisions de la queue de la colonne.

Aussitôt qu'un bataillon ou demi-rang aura pris sa distance, il pourra se mettre en bataille, si le cas l'exige.

On se conformera, pour se mettre en bataille, à ce qui a été prescrit au *titre IX, article 2*, excepté qu'après le mouvement de conversion fini, toute la ligne s'alignera sur la division de la queue de la colonne; & le Commandant en chef aura soin de diriger de ce point toute la ligne dans la direction du point de vue en avant.

Si cette colonne, formée par la droite, est obligée de faire face à droite, aussitôt que chaque division aura pris sa distance, son chef lui commandera *demi-tour* = *à droite;* il se portera alors sur le pivot gauche, pour prendre le chef-de-file.

Sur le commandement *à gauche en bataille*, les serre-files passeront promptement derrière la division.

Au

Au commandement *marche*, les divisions feront un mouvement de conversion à gauche, s'aligneront à droite après le mouvement de conversion fini, & auront alors leur troisième rang pour premier.

Cette règle servira de principe général pour éviter l'inversion des compagnies dans le bataillon, dans les cas de même espèce qui pourront se rencontrer.

La colonne formée par la gauche exécutera, dans chacun des deux cas précédens, les mouvemens contraires.

ARTICLE 4.

Colonne serrée, formée sur le centre.

Si la colonne est de deux bataillons, elle sera formée par peloton.

Si elle est de quatre bataillons ou plus, elle sera formée par division.

On commandera :

1.

Sur tel peloton ou *division, formez la colonne.*

2.

La droite ou *la gauche en tête.*

3.

A droite ou *à gauche. . . . . ou à droite & à gauche.*

4.

Marche.

Au troisième commandement, la division désignée ne bougera pas; les divisions de la droite feront *à gauche;* les divisions de la gauche feront *à droite,* & en même temps les premières files de chaque division se déboiteront; celles de la droite qui ont fait *à gauche,* en se jetant vivement deux pas sur le côté droit; celles de la gauche qui ont fait *à droite,* deux pas aussi sur le côté droit.

H h

EXEMPLE.

Formation d'une colonne de deux bataillons sur le centre, par peloton.

DANS cet exemple, la droite sera en tête, & la colonne se formera sur le huitième peloton du premier bataillon.

1.

Sur le huitième peloton du premier bataillon = formez la colonne.

2.

La droite en tête.

3.

A droite & à gauche.

4.

Marche.

Au troisième commandement, les pelotons du second bataillon feront *à droite ;* les sept premiers du premier bataillon, feront *à gauche*, & les premières files se déboîteront deux pas sur la droite.

Au quatrième commandement, chaque peloton, conduit par son chef, qui est venu se placer contre la première file du flanc par lequel son peloton devra marcher, viendra se former successivement, ceux qui ont fait *à gauche* en avant du peloton de direction qui n'a pas bougé, ceux qui ont fait *à droite* derrière ce même peloton, pour prendre successivement rang dans la colonne, en observant deux pas de distance d'un peloton à l'autre.

A mesure que la file gauche de chaque peloton qui vient se former en avant, arrivera à hauteur de la file gauche du peloton de direction, son chef lui commandera *halte, front, tête à gauche*, & faisant face à sa troupe, il alignera la file gauche de son peloton sur les files gauches des pelotons placés avant le sien dans la colonne.

A mesure que la file droite de chacun des pelotons qui viennent prendre rang dans la colonne derrière le peloton de direction, arrivera à hauteur de la file droite des pelotons placés dans la colonne, son chef lui commandera *halte, front tête à gauche,* en se portant lui-même à l'aile gauche, pour rectifier l'alignement en file.

TITRE XIII.
ART. 4.

Cet alignement exactement pris, les chefs de peloton se porteront au centre de leur peloton, comme il est expliqué à *l'article premier de ce titre.*

Règle générale.

Si un régiment en bataille veut se former en colonne ferrée sur la division de droite, & doit avoir sa droite en tête, toutes les divisions prendront rang dans la colonne, successivement derrière la première division, & se déboîteront à droite au troisième commandement.

Si, dans le même cas, la gauche doit être en tête, elles prendront rang dans la colonne par-devant la première division, & se déboîteront à gauche au troisième commandement.

Si un régiment en bataille doit se former en colonne ferrée sur la division de gauche, & avoir sa gauche en tête, les divisions prendront rang derrière cette division, & se déboîteront sur la gauche au troisième commandement.

Si, dans le même cas, la droite doit être en tête, les divisions prendront rang devant la division de direction, & se déboîteront sur la droite au troisième commandement.

Si la colonne doit se former sur une des autres divisions de la ligne, & avoir sa gauche en tête, les divisions de l'aile droite prendront rang derrière la division de direction, & les divisions de l'aile gauche devant cette même division.

Cette colonne pouvant fervir de manœuvre de profondeur contre la Cavalerie, le Commandant en chef déterminera la pofition des compagnies de Grenadiers, foit aux angles, foit fur les flancs, foit en avant, foit en arrière de la colonne, par-tout où il le jugera néceffaire.

Si on ne leur donne point de deftination particulière, elles prendront rang dans la colonne, comme les autres divifions; elles en fortiront par leur flanc droit ou leur flanc gauche, à l'inftant où on leur déterminera une nouvelle deftination.

Une colonne ainfi ferrée, traverfant une pleine, & fuivie par de la Cavalerie d'affez près pour être obligée de s'arrêter, fera alors *front* du côté de l'ennemi.

S'il eft en tête, la divifion de la tête fera *feu*, en le combinant de manière que la moitié du front foit toujours chargée.

S'il eft fur un des flancs, les ferres-files les plus près du flanc, rempliront les intervalles des divifions, en s'alignant aux premières files devenues premier rang.

Les trois premiers rangs de ce flanc feront *feu*, au commandement d'un Officier de ferre-file, dans l'ordre ci-après.

Si la colonne eft formée par divifion ou par peloton, le feu commencera par les trois files du flanc de toutes les divifions ou pelotons impairs; lorfque celles-ci auront chargé, les trois premières files de toutes les divifions ou pelotons pairs tireront enfuite: le feu recommencera par les divifions ou pelotons impairs, fe réglant ainfi alternativement les unes fur les autres, de manière que la moitié du flanc devenu front foit toujours chargée.

Si la colonne eft obligée de faire *feu* des quatre côtés, les divifions de la tête & de la queue feront
face

face en dehors, & tireront comme il vient d'être
expliqué: chaque flanc fera le *feu* preſcrit ci-deſſus;
l'intérieur de la colonne fera face du côté vers lequel
l'ennemi fera ſuppoſé ſe préſenter le plus en force.

TITRE XIII.
ART. 4.

Les chefs de diviſion & de peloton, tous les ſerre-
files de l'intérieur de la colonne maintiendront l'ordre
dans la colonne.

Auſſitôt que la colonne pourra continuer ſa marche,
elle ceſſera le *feu*, & marchera.

Les pelotons de drapeaux, dans cette circonſtance,
ſe placeront en ſerre-file ſur un rang, derrière la
droite du cinquième peloton.

Les Tambours ſe placeront entre le premier & le
ſecond bataillon, ſur deux rangs, & en formant la
colonne, on leur laiſſera la diſtance néceſſaire.

TITRE XIV.
Du Passage du défilé.

S'IL ſe trouve un pont ou un défilé en avant d'une
ligne qui marche en bataille, & s'il ne peut contenir
que huit files; les files qui ſe trouveront vis-à-vis le
pont ou le défilé, marcheront droit en avant; l'aile
droite fera *à gauche*, l'aile gauche *à droite*, & chacune
ſuivra par le flanc les files de la tête, qui ont rempli
le défilé.

PL. XIX.

Dès que la tête ſera douze pas hors du défilé, les
files de la tête s'arrêteront, & les autres ſe mettront
ſucceſſivement en bataille, au pas redoublé, à meſure
que le terrein le permettra.

Si la tête continue de marcher, elle prendra le
petit pas; le premier bataillon formé, ſera bataillon
d'alignement: à meſure que les drapeaux de chaque

I i

bataillon seront en ligne, on commandera, *drapeaux en avant ;* le bataillon s'alignera sur ses drapeaux ; aussitôt le centre de ce bataillon marchera sur un point de vue.

Si c'est un débouché large du front d'une division, chaque aile formera une colonne par peloton, l'aile droite rompant à gauche & l'aile gauche à droite, pour suivre les deux pelotons qui se trouveront vis-à-vis du débouché, lesquels auront la tête de la colonne : tous les pelotons serreront à demi-distance.

Si le défilé se réduit au front d'un peloton, chaque seconde section doublera devant sa première dans la colonne de droite, & derrière sa première dans la colonne de gauche. On formera les pelotons dès que le terrein le permettra, & la colonne serrera en masse.

A mesure que la gorge s'élargira, les pelotons de droite & de gauche se mettront en bataille par le pas redoublé, en appuyant à droite dans la colonne de droite, à gauche dans la colonne de gauche : chaque chef de peloton se tiendra à la gauche de son peloton dans la colonne de gauche, & à la droite dans la colonne de droite pour mieux juger de l'instant où le défilé s'élargira.

Le reste de chaque colonne se dirigera derrière le dernier peloton qui se sera mis en ligne, pour pouvoir se mettre successivement en bataille à mesure que le terrein le permettra.

Lorsqu'on voudra achever le déploiement, sans que la ligne marche, les pelotons en bataille seront *halte,* & les autres se déploieront de droite & de gauche, comme il est expliqué au *Titre XIII, des Déploiemens, article 2.*

Le premier bataillon en bataille sera bataillon d'alignement, & marchera le petit pas jusqu'à ce que la ligne soit formée ou jusqu'à ce qu'on arrête la ligne.

Si la ligne marche en retraite, & que le passage TITRE XIV.
doive se faire en présence & à portée de l'ennemi,
le Commandant en chef fera ses dispositions pour
couvrir sa retraite par une arrière-garde, & donnera
ses ordres pour passer le défilé par une ou les deux
ailes, soit par files, soit par pelotons, suivant la largeur
du défilé.

La ligne faisant face à l'ennemi, si on doit passer PL. XXI.
par files par les deux ailes, le peloton de l'aile droite
fera *à droite*, & chaque file sur son terrein fera successivement par file *à droite*, pour longer derrière la
ligne; le peloton de l'aile gauche fera *à gauche*, &
par file *à gauche;* ce qui fera exécuté successivement
par tous les pelotons de la ligne.

Les deux pelotons de l'aile viendront se réunir vis-
à-vis du défilé, & y entreront; celui de l'aile droite
par un *à gauche par file*, celui de l'aile gauche par un
à droite par file.

Les autres pelotons ayant leur chef sur le flanc
extérieur, suivront, sans s'alonger, les pelotons des ailes.

Le défilé passé, les pelotons de l'aile gauche feront
à droite par file, les pelotons de l'aile droite *par file
à gauche*, & marcheront ainsi par le flanc un nombre
de pas égal au front de leur peloton. Après quoi, le
chef du peloton commandera, *formez le peloton:* ce
qui s'exécutera, ainsi qu'il est expliqué au *Titre VIII,
de la Marche du régiment à son terrein d'exercice.* Les
chefs de peloton se mettront aussitôt sur les pivots
droits dans l'aile gauche, sur les pivots gauches dans
l'aile droite, pour marcher sur les points de vue qui
feront donnés par le Commandant en chef, de manière
que tous les pivots marchent sur le même alignement.

Si le passage doit se faire par le front d'une division, PL. XXII.
le peloton de chaque aile marchera quatre pas en arrière;

celui de l'aile droite fera *à gauche*, & celui de l'aile gauche *à droite;* ils viendront se réunir vis-à-vis du défilé, & en se joignant, feront *halte* & *front* par le troisième rang.

Chaque peloton exécutera successivement le même mouvement, pour prendre rang dans la colonne; les deux derniers pelotons feront *demi-tour à droite*, & la suivront.

La colonne passera le défilé dans cet ordre, & continuera sa marche au-delà, jusque sur le terrein sur lequel on voudra la déployer.

On la fera alors serrer en masse, & aussitôt faire *front;* après quoi elle se déploiera par la droite & par la gauche, en suivant les principes prescrits au *Titre XIII, des Déploiemens.*

Si le passage ne pouvoit se faire que par peloton, on exécuteroit dans chaque aile, par section, ce qui vient d'être prescrit par peloton.

TITRE XV.

Du Passage des Lignes.

Un régiment étant en première ligne, devant être relevé par un régiment de seconde ligne qui approche pour le remplacer, le Commandant en chef commandera:

À droite = *passez la ligne.*

Cet avertissement sera répété par chaque chef de bataillon; & aussitôt après, les chefs de peloton commanderont *à droite, marche*, amèneront leur peloton par un *à droite* par file, se tiendront toujours à la tête de leur peloton, auront attention, pendant la marche, de s'aligner & d'observer leur distance à gauche.

La

La seconde ligne s'étant approchée de la première, à trente ou quarante pas de distance, fera *halte*, & prendra garde où se porteront les pelotons qui arriveront sur elle, pour doubler sur le champ les files nécessaires à leur passage.

Ce mouvement se fera lestement par quatre files qui reculeront & rentreront aussitôt que le peloton de la première ligne aura passé : la deuxième ligne marchera alors en avant, pour venir occuper la position de la première.

Dès que les chefs de bataillon de la première ligne auront commandé *halte*, les chefs de peloton commanderont *front*, se porteront sur le pivot gauche pour prendre le chef-de-file, & se remettront en bataille par un mouvement de conversion à gauche.

Lorsque le Commandant en chef voudra donner à la ligne la même disposition que si elle avoit rompu à gauche, il commandera :

À gauche = passez la ligne.

A cet avertissement, les chefs de peloton iront gagner la gauche de leur peloton, & feront faire *à gauche*, ensuite par file *à gauche*, observeront leur distance à droite, & se placeront aux pivots droits pour se remettre en bataille.

Si une ligne se trouvoit dans le cas de donner passage à de la Cavalerie ou à de l'Artillerie, le chef de chaque bataillon feroit alors doubler un ou plusieurs pelotons l'un derrière l'autre, par le moyen indiqué au *Titre XIII, article 4*, pour former la colonne serrée.

Les pelotons doublés se déploieroient ensuite, comme il est prescrit au *Titre XIII, article 2*.

TITRE XV.

Pl. XXIII.
Fig. 2.

K k

TITRE XVI.

De la Marche d'une Colonne en route.

ARTICLE PREMIER.

De l'ordre qui sera observé par une Colonne qui devra marcher en route.

Si une colonne rompue par peloton, la droite en tête, est en marche de route, on fera porter l'arme au bras au peloton de la tête, dont les deuxième & troisième rangs prendront un pas de distance.

Le Soldat portera alors son arme indifféremment sur une épaule ou sur l'autre, pourvu que le bout du canon soit en haut.

La même chose s'exécutera successivement par chaque peloton, à mesure qu'il arrivera sur le terrein du premier.

Les files marcheront à l'aise, mais on aura attention que les rangs ne se confondent jamais.

Les chefs de peloton resteront deux pas en avant du centre de leur peloton.

Un Sergent de serre-file le plus près de la gauche, viendra se placer à la gauche du premier rang, si on a rompu à droite, & sera responsable au chef du peloton de sa distance; de manière qu'à tous les instans de la marche, la colonne n'occupe, de la tête à la queue, qu'un espace égal à l'étendue de son front.

Ce Sergent sera aussi responsable du chef-de-file, autant que la direction de la marche le permettra.

Le Commandant en chef fera quelquefois le commandement *halte*, qui sera répété très-rapidement par chaque chef de bataillon & de peloton, & exécuté à l'inftant même par les Sergens de la gauche de chaque peloton, fur le terrein où ils fe trouveront, fans avancer ni reculer d'un pas.

Les files de chaque peloton fe ferreront promptement fur la gauche ; le premier rang s'alignera fur le Sergent de la gauche ; les deuxième & troifième rangs ferreront avec la plus grande vivacité, & les Soldats porteront l'arme, fans attendre d'autre commandement.

Si le Commandant veut faire former le régiment en bataille, il rectifiera l'alignement en file de tous les pivots, fera les commandemens pour fe mettre en bataille ; ce qui fera exécuté comme il eft prefcrit au *Titre IX, article 2.*

Les Sergens de ferre-file placés aux pivots, rentreront alors à leurs places.

On fera rompre enfuite ; & après avoir rompu, la colonne attendra un nouveau commandement pour marcher en avant.

Le Commandant en chef examinera avec la plus grande attention, fi, au commandement *marche,* répété fans retard par les chefs de bataillon & de peloton, tous les Sergens des ailes gauches & tous les pelotons fe font ébranlés en même temps.

Chaque Sergent de la gauche fera exactement fon premier pas de deux pieds.

Le Commandant en chef fera plufieurs fois le commandement *halte,* pour arrêter la colonne, & celui de *marche,* pour la porter en avant, afin d'accoutumer les Officiers à la plus grande exactitude fur cet article effentiel.

Dans une colonne ayant fa gauche en tête, le Sergent de l'aile droite fera chargé de tout ce qui vient d'être prefcrit pour le Sergent de l'aile gauche.

Aucun Soldat ne pourra quitter la colonne sans la permiſſion de ſon Officier, & ſans avoir remis ſon fuſil à un de ſes camarades; il ſera accompagné par un bas Officier qui en répondra, & qui le ſera rejoindre le plus promptement poſſible.

S'il ſe rencontre un défilé qui oblige de diminuer le front de la marche, chaque peloton, avant d'entrer dans le défilé, ſerrera les rangs & les files: les files qui ne pourront pas paſſer, doubleront derrière le reſte du peloton, de manière que dans une colonne ayant ſa droite en tête, la droite du peloton marchera la première, & l'inverſe dans une colonne ayant la gauche en tête.

Les ſerre-files veilleront à ce que les rangs ſoient exactement ſerrés. Le Commandant ſera par-tout où ſa préſence ſera néceſſaire, & ne ſouffrira, ſous aucun prétexte, d'alongement dans la colonne.

Chaque chef de bataillon veillera ſur ſon bataillon.

On pourra marcher également par le flanc, à trois ou ſix de front; & dans ce dernier cas, on ſe conformera à ce qui eſt preſcrit, *Titre V, article 5, Doublement des files,* &c.

A R T I C L E 2.

Prompte manœuvre.

LA colonne étant en marche de route, & ſa droite en tête, voulant promptement occuper une poſition en avant de ſon front, pour y prévenir l'ennemi, on lui commandera:

1.

Halte.

2.

À gauche.

3.

3.
Marche.

Au premier commandement, répété par les chefs de bataillon & de peloton, la colonne arrêtera.

Au second commandement, toute la colonne fera *à gauche;* les chefs de peloton se porteront à côté de l'homme de la gauche.

Au troisième commandement, la colonne se mettra en mouvement par le flanc, au pas redoublé, chaque peloton faisant par file *à droite,* & son chef observant la distance à droite.

Le Commandant en chef aura soin de conduire lui-même les deux premiers pelotons de la tête de la colonne; il se tiendra, pour cet effet, près de l'homme de la gauche du premier peloton, qu'il emmènera par un *à droite par file* droit devant lui; il choisira un point de vue *à gauche,* tiendra le flanc du premier peloton continuellement aligné sur le point de vue de gauche, & le flanc du second peloton dont il dirigera la marche. Ces deux pelotons marcheront au pas ordinaire; les autres pelotons arriveront successivement au pas redoublé; les deux premiers serviront de direction aux autres; tous les pelotons prendront le pas ordinaire, à mesure que chaque flanc par lequel ils marcheront, sera arrivé sur l'alignement des deux premiers pelotons, qu'ils auront attention de ne jamais dépasser, & qui marcheront au pas ordinaire.

Lorsque la tête de la colonne sera arrivée sur le terrein où le Commandant en chef voudra l'appuyer, il commandera *halte;* aussitôt tous les chefs de peloton qui se trouveront déjà dans la nouvelle direction, commanderont *front,* en restant sur le pivot gauche, & en s'alignant correctement en file sur les pivots des pelotons qui les précèdent.

L l

Auſſitôt qu'il y aura un bataillon, ou demi-rang, arrivé dans la colonne, il pourra ſe mettre en bataille, ſi le cas l'exige ; les autres pelotons qui arriveront ſucceſſivement dans la colonne, obſerveront la même choſe.

Si une colonne, marchant par la gauche, veut faire cette manœuvre, elle exécutera par l'inverſe les mêmes principes qu'on vient de preſcrire pour la colonne qui marche par la droite.

TITRE XVII.

Des Feux.

ARTICLE PREMIER.

Feux de pied-ferme.

PENDANT l'exécution des *feux*, les Officiers, les Fourriers & les Sergens porteront leurs armes : ceux de ſerre - file auront continuellement les yeux ſur leurs Soldats, pour les reprendre à voix baſſe s'il eſt néceſſaire.

On exercera les régimens à tirer de pied-ferme, par peloton, diviſion, demi-rang & bataillon.

Lorſque les régimens, avant de commencer l'exercice, devront charger les armes, le Commandant en chef en fera l'avertiſſement, & auſſitôt chaque chef de bataillon les fera charger, ſelon qu'il eſt preſcrit à la *Charge à volonté, Titre III, article 4.*

Commandemens pour les feux.

I.

Peloton,

Division,
Demi - rang de droite ou *de gauche,*
Bataillon.

TIT. XVII.
ART. I.

2.
Armes.

3.
Joue.

4.
Feu.

Au deuxième commandement, comme il a été
prescrit au commandement, *Apprêtez vos armes, Titre III,*
article 3.

Au troisième commandement, comme au *Maniement*
des armes.

Au quatrième commandement, comme au *Manie-*
ment des armes; apres quoi le Soldat mettra le chien
au repos, & rechargera son arme, comme il est dit à
la *Charge à volonté.*

On fera cesser tous les feux par un roulement; les
Officiers feront alors porter les armes à leur troupe,
quand même ils auroient commencé à faire les commandemens pour le *feu,* & rentreront aussitôt dans
le rang.

Les trois files de droite du cinquième peloton, &
les trois files de gauche du quatrième peloton, ne
tireront dans aucun cas.

Dans les feux de division, de demi-rang & de
bataillon, les Officiers qui ne commanderont point
les feux, se reculeront à hauteur du second rang, au
premier commandement, & reprendront leur poste
à la fin du roulement.

Feu par peloton.

On commandera:

1.
Feu = de peloton.

2.

Commencez le feu.

Au premier commandement, le Capitaine de Grenadiers & le chef de chaque peloton feront un grand pas en avant, puis à gauche, à l'exception du Capitaine du huitième peloton, & du Capitaine de Grenadiers de la gauche, qui feront *à droite*, après avoir fait de même un pas en avant.

Ils obferveront, pendant le feu, de fe reculer d'un pas fur le front du peloton qui ne tire pas, & ils obferveront encore de ne faire chaque commandement, qu'auffitôt après que le précédent aura été exécuté.

Au fecond commandement, le feu commencera par le premier peloton : lorfque le chef de ce peloton commandera *joue*, le chef du troifième peloton commandera *peloton*, & enfuite les autres commandemens. Au commandement *joue* du troifième peloton, le chef du cinquième commandera *peloton* & les autres commandemens. Au commandement *joue* du cinquième peloton, le chef du feptième commandera *peloton* & les autres commandemens.

Le deuxième peloton de chaque divifion fe règlera fur fon premier peloton, de manière que le chef du deuxième peloton d'une divifion faffe le commandement *peloton*, auffitôt qu'il y aura une arme chargée dans le premier peloton. Si le feu continue, les premiers pelotons fe règleront de même fur leur fecond.

Les Grenadiers tireront le plus vîte qu'ils pourront, obfervant feulement de ne pas tirer en même temps que le peloton ou la divifion qu'ils auront à leur droite ou à leur gauche.

Feu par divifion.

On commandera :

1.

Feu de divifion.

2.

Commencez le feu.

Au premier commandement, le chef de chaque division & les Capitaines de Grenadiers feront en même temps un pas en avant, puis à gauche, à l'exception des Capitaines de Grenadiers de la gauche, qui feront *à droite*.

Au second commandement, le chef de la première division de chaque bataillon fera le commandement *division*, ensuite les autres.

Après que la première division aura fait *feu*, le chef de la troisième commandera *division*. La seconde division se règlera sur la première, & la quatrième sur la troisième, les deux divisions de chaque demi-rang se réglant l'une sur l'autre, comme il a été dit au *Feu de peloton*.

Les Grenadiers obferveront le même principe qui leur a été prefcrit au *Feu de peloton*.

Feu de demi-rang.

On commandera :

1.

Feu de demi-rang.

2.

Commencez le feu.

Au second commandement, le demi-rang de droite de chaque bataillon commencera le feu, le demi-rang de gauche n'apprêtera que lorfque le demi-rang de droite finira de charger, ainfi de fuite fucceffivement, en fe réglant l'un fur l'autre.

Le chef de bataillon commandera fucceffivement les deux demi-rangs.

Ce feu ne fera jamais établi qu'entre les deux demi-rangs de chaque bataillon.

M m

Feu par bataillon.

On commandera:

I.

Feu de bataillon.

2.

Commencez le feu.

Un ou plusieurs régimens étant en ligne, devant faire *feu* par bataillon, à l'avertissement *commencez le feu*, tous les bataillons impairs commenceront, les bataillons pairs se réglant ensuite sur les impairs, & les impairs sur les pairs, comme il a été dit aux *Feux de peloton & de division*.

Les chefs de bataillon commanderont le feu de la place qui leur est marquée en avant des drapeaux.

Feu en arrière.

On commandera:

I.

Feu en arrière.

2.

Demi-tour = à droite.

Au second commandement, tout le bataillon fera *demi-tour à droite*, à l'exception des Officiers, des Fourriers & des Sergens de serre-file qui passeront promptement, les serre-files derrière le premier rang devenu le dernier, & les chefs de peloton à la gauche du dernier rang devenu le premier. Les chefs de bataillon se porteront en avant du dernier rang.

On exécutera alors les feux de peloton, division, demi-rang & bataillon, en se conformant à ce qui a été prescrit pour les *Feux par le premier rang*.

Lorsqu'on voudra remettre le bataillon dans son premier ordre, on commandera:

Messieurs les Officiers, à vos postes.

Demi-tour = à droite.

Les serre-files passeront derrière le dernier rang, & les chefs de peloton au premier rang.

On se conformera pour le *feu* de deux rangs, à ce qui est prescrit dans l'Ordonnance de 1766, jusqu'à nouvel ordre; excepté qu'au lieu de commander *haut les armes*, on commandera *armes*. A ce commandement, les trois rangs prendront la position du second rang dans les feux.

Un seul roulement fera cesser le feu des deux rangs.

ARTICLE 2.

Feu de bataillon en avançant.

LORSQU'UN ou plusieurs régimens, marchant en bataille, devront faire le feu de bataillon en avançant, on commandera:

I.

Feu de bataillon en avançant.

2.

Commencez le feu.

Au second commandement, on commandera *halte* aux bataillons pairs; les bataillons impairs continueront de marcher. Au sixième pas, on leur commandera *halte*, & aussitôt *bataillon, armes, joue, feu*, & ils chargeront.

A l'instant où les bataillons impairs auront fait *feu*, on commandera *marche* aux bataillons pairs: lorsqu'ils auront marché douze pas, on leur commandera *halte, bataillon, armes, joue, feu*, & ils chargeront.

Les bataillons pairs, en se réglant sur les impairs; & les impairs sur les pairs, se devanceront ainsi successivement de six pas pour faire *feu*.

Feu de bataillon en retraite.

La ligne se retirant devant l'ennemi, marchera sans tirer, pour gagner du terrein en retraite, aussi long-temps qu'elle le pourra; mais si elle est pressée dans sa marche, au point d'être obligée de faire *feu*, elle l'exécutera par les moyens suivans.

On commandera:

1.

Feu de bataillon en retraite.

2.

Commencez le feu.

Au second commandement, on commandera *halte* aux bataillons impairs, & aussitôt *demi-tour = à droite, bataillon, armes, joue, feu.* Ils chargeront sur le même terrein.

Les bataillons pairs continueront de marcher: au sixième pas, on leur commandera *halte, demi-tour = à droite.* Aussitôt que les bataillons impairs auront chargé, on leur commandera *demi-tour = à droite, marche,* pour se porter de même à six pas par de-là les bataillons pairs. A l'instant où ils arriveront à leur hauteur, on commandera à ceux-ci, *bataillon, armes, joue, feu.* Ils chargeront comme il a été dit pour les impairs, & seront mis en marche de la même manière, pour marcher le même nombre de pas, & se porter en arrière des impairs.

Cet ordre alternatif sera observé autant de temps que ce feu devra durer.

Dans les *feux* en avançant & en retraite, les drapeaux resteront en avant, & ne rentreront point au commandement *halte.*

TITRE

TITRE XVIII.

Revues d'Inspection & des Commissaires des guerres.

ARTICLE PREMIER.

Formation des Livrets de revue.

LORSQU'UN régiment devra passer une revue d'inspection, ou la revue d'un Commissaire des guerres, on ne changera rien à sa formation ordinaire ; on fera les livrets dans le même ordre où les bataillons, les compagnies de Grenadiers & les pelotons doivent être rangés ; les drapeaux resteront dans leur place ordinaire, quoique les Porte-drapeaux ne soient compris que dans l'État-major, mais les Sergens de leur garde & les Tambours rentreront à leurs compagnies.

ARTICLE 2.

Disposition pour les Revues.

SI c'est une revue d'inspection que le régiment doit passer, il sera mis d'abord en bataille ; il y restera jusqu'à ce que l'Officier général, ou l'Inspecteur qui sera chargé d'en faire l'inspection, ordonne de le mettre en haie par compagnies : lorsqu'il en donnera l'ordre, on rompra le régiment à droite par compagnie ; on bordera ensuite la haie, ainsi qu'il a été prescrit au *Titre V, des Manœuvres de détail, article 1er*. Les troisièmes Sergens & les Tambours iront alors rejoindre leurs compagnies.

Si l'Officier général ou Inspecteur, après avoir vu le régiment en haie, ordonne qu'on le fasse défiler, on reformera les compagnies, ainsi qu'il est prescrit au *Titre V, article premier.*

N n

On le fera défiler ensuite, ainsi qu'il est prescrit *article 8* du *Titre VI de la Formation.*

Si le régiment doit passer la revue d'un Commissaire des guerres, les compagnies seront mises en haie avant son arrivée.

SA MAJESTÉ voulant établir la plus grande uniformité sur tous les points prescrits par la présente Instruction, rendra les Chefs des Corps personnellement responsables de tous les changemens qui y seroient faits, soit dans les évolutions, dans les commandemens, ou dans les moyens de détail, qui seront strictement exécutés, jusqu'à ce qu'il plaise à Sa Majesté d'en ordonner autrement. FAIT à la Muette le onze juin mil sept cent soixante-quatorze. *Signé* LOUIS. *Et plus bas,* DE FÉLIX DU MUY.

143

TABLE

POUR LA

CONNOISSANCE DES DIFFÉRENTES FIGURES

employées dans la Planche Ire

C.^{el} Colonel.	C. Capitaine de Grenadiers.
L.^{C.el} Lieutenant-colonel.	C. Capitaine de Fusiliers.
M.^{or} Major.	L. Lieutenant.
A. Aide-major.	E. Sous-lieutenant.
S. Sous-aide-major.	. Porte-drapeau.
F. Fourrier.	. . . 1.er 2.e & 3.e Sergens.
✳. Tambour-major,	X. Tambours.
. Caporal-serre-file, ou marquant la droite des secondes sections.	□. Soldats attachés aux drapeaux.

Le Colonel; en bataille, n'a point de place marquée; en parade, il est à quatre pas en avant des drapeaux du premier bataillon.

Le Lieutenant-colonel; en bataille, est à huit pas en avant du premier rang du second bataillon; en parade, il est à six pas.

Le Major; placé, comme le Lieutenant-colonel, devant le premier bataillon; en parade, il est un peu sur la gauche du Colonel.

Les Aides-major; en bataille, six pas en arrière des Serre-files, derrière le centre du bataillon; en parade, à la droite de leur bataillon.

Les Sous-aides-major; en bataille, six pas en arrière des Serre-files, derrière la droite; en parade, à la gauche du bataillon.

Les Serre-files; en bataille & en parade, à deux pas en arrière du troisième rang.

Les Officiers; en parade, à quatre pas en avant du premier rang; & le Tambour-major, à deux pas en avant du premier rang des Tambours.

Les Tambours; en bataille, derrière le centre du bataillon, à quinze pas des Serre-files.

EXPLICATION DES PLANCHES.

OBSERVATIONS GÉNÉRALES.

LES quatre figures ci-après représentent les différentes positions ou emplacemens qu'occupent ou ont occupé les Troupes ;

S A V O I R ,

La figure ponctuée représente la 1.re position.

La figure au trait représente la 2.e position.

La figure au trait & pointillée représente la 3.e position.

La figure au trait & hachée représente la 4.e ou dernière position.

Le gros trait représente le premier rang.

PLANCHE I. Formation d'un régiment de deux Bataillons. *Titre VI.*

Fig. *1.* Régiment en bataille.
Fig. *2.* Régiment en parade.

PLANCHE II. Sortie du Quartier. Former les Pelotons. Manière de trouver la ligne droite entre deux points. *Titres VIII & IX.*

Ce qui est au trait représente les deux bataillons sortant du quartier & marchant par le flanc.

Ce qui est au trait & haché représente les pelotons formés, se formant, ou prêts à se former.

Le cinquième peloton du deuxième bataillon se forme, les 6e, 7e, 8e & Grenadiers marchent encore par le flanc.

Les Aides-major *R* & *A* cherchent la ligne droite entre l'arbre *C* & le moulin *D.*

La tête de la colonne dirige sa droite sur l'Aide-major *R.*

PLANCHE III. Entrée dans les points de vue. *Titre IX.*

Fig. *1.* Représente les deux bataillons entrant dans les points de vue, les Chefs de pelotons *&* placés sur les pivots gauches.

Les Chefs de bataillon L.^C.^el & M.^or dirigent les ailes gauches des pelotons sur le point de vue en arrière, ainsi que le
Commandant-

Commandant-C.ˢ qui se retourne pour y gouverner la direction de la colonne.

Fig. 2. Les bataillons se mettent en bataille; les Chefs de peloton Č sont placés sur les ailes droites à leur place, excepté ceux du huitième peloton & Grenadiers de gauche qui se trouvent à la gauche. Un Bas-officier ☉ du premier peloton de chaque bataillon est placé sur l'alignement des ailes gauches, pour marquer la place de l'aile droite du bataillon.

Le Commandant-C.ˢ est placé à la droite, pour rectifier l'alignement sur le point de vue de gauche, ainsi que les Chefs de bataillon, pour y diriger l'alignement de leur bataillon. L'Aide-major *R*, point intermédiaire, reste jusqu'à ce que la ligne soit en bataille.

PLANCHE IV. Deux colonnes, chacune de deux bataillons, composées de première & seconde lignes avec leur gauche en tête, entrant dans les points de vue. *Titre IX.*

La colonne de droite se dirige sur l'Aide-major *A*.

La colonne de gauche sur l'Aide-major *X*.

Ces deux Aides-major, après avoir trouvé la ligne droite entre l'arbre *O* & celui *B*, ont pris entr'eux la distance contenue entre les deux colonnes, afin de servir de point de direction à leurs têtes.

Les bataillons de première ligne étant entrés dans les points de vue, se dirigent sur l'arbre *O*. Ceux de seconde ligne dont les Aides-major *R*, *S* ont marqué la distance parallèle qui doit être entre les deux lignes, se dirigent sur l'arbre *V*.

PLANCHE V. Marche en bataille. *Titre X.*

Fig. 1. La ligne marche en avant.

Les drapeaux se sont avancés à six pas.

L'Aide-major *A* de chaque bataillon a indiqué un point de vue au drapeau de la droite.

L'arbre *B* est le point de vue du premier bataillon.

L'arbre *O* est celui du deuxième bataillon.

a est le point intermédiaire qu'ils ont pris pour s'y diriger.

Fig. 2. Passages d'obstacles.

Fig. 3. Les obstacles passés, les sections, pelotons & divisions marchant par le flanc, sont rentrés en ligne.

Fig. 4. La ligne a appuyé à droite; elle a avancé ensuite droit devant elle, jusqu'à la figure ponctuée, en prenant pour nouveaux points de vue,

L'arbre *T* pour le premier bataillon,

L'arbre *Q* pour le deuxième.

Fig. 5. La ligne a changé de direction à gauche, en prenant pour nouveaux points de vue,

L'arbre *R* pour le premier bataillon,

L'arbre *U* pour le deuxième.

PLANCHE VI. Changement de direction à droite. *Titre X.*

La ligne marchant droit devant elle, ayant pour point de vue l'arbre *A* pour le premier bataillon, & l'arbre *B* pour le deuxième bataillon, change de direction à droite.

Le premier bataillon prend l'arbre *D* pour nouveau point de vue.

La figure au trait marque ce bataillon pendant le mouvement.

On voit celui de l'aile droite qui cède à droite, ce qui l'a fait sortir de la perpendiculaire *a c*, abaissée sur son flanc droit.

On voit aussi le mouvement de l'aile gauche pour se rapprocher & ne pas abandonner les drapeaux : les deux ailes se conforment, par ces mouvemens, à la nouvelle direction du peloton des drapeaux.

Le deuxième bataillon fait le même mouvement. La figure au trait & pointillée représente ce bataillon après avoir changé sa direction : il appuie à gauche pour reprendre sa distance, que le changement de direction lui avoit fait perdre.

La petite ligne *O U* perpendiculaire sur son flanc droit, fait voir que la distance étoit trop petite.

La figure au trait & hachée représente les deux bataillons dans leur nouvelle direction. Le nouveau point de vue du deuxième bataillon, est l'arbre *R* ; & pour regagner l'alignement du premier bataillon, dont il étoit resté en arrière pendant le changement de direction, il a alongé le pas.

PLANCHE VII. Changement de position en rompant à droite pour faire face à gauche. *Titre XII.*

1.ᵉ Opération. La ligne rompue à droite, & la compagnie de Grenadiers portée en avant dans la direction choisie, l'Aide-major *A* est aligné sur l'arbre *B*, point de vue en avant, par le Capitaine de Grenadiers 🜊 placé sur l'aile gauche. Cet Aide-major indique au Commandant-C.ᵉ le château *O*, point de vue en arrière.

PLANCHE VIII. Deuxième opération & exécution du changement de position en rompant à droite pour faire face à gauche. *Titre XII.*

La compagnie de Grenadiers, tête de la colonne, avance sur le point de vue *B* ; les autres pelotons marchent par le flanc droit pour prendre rang dans la colonne.

C.ᵈ-Commandant qui ſe retourne pour gouverner la direction de la colonne dans le point de vue en arrière.

PLANCHE IX. Changement de poſition en rompant à gauche, pour faire *face à gauche. Titre XII.*

1.ʳᵉ *Opération.* La ligne rompue à gauche & les Grenadiers placés dans la direction choiſie, l'Aide-major *A* eſt aligné ſur l'arbre *B*, par le Capitaine de Grenadiers 🜨 placé ſur l'aile droite. Cet Aide-major indique au Commandant-C.ᵉᵗ la maiſon *O*, point de vue en arrière.

PLANCHE X. Deuxième opération & exécution du changement de poſition en rompant à gauche pour faire *face à gauche. Titre XII.*

La compagnie de Grenadiers, tête de la colonne, avance ſur le point de vue *B;* les autres diviſions marchent par le flanc droit, pour prendre rang dans la colonne.

C.ᵈ-Commandant qui ſe retourne pour gouverner la direction de la colonne dans le point de vue en arrière.

PLANCHE XI. Changement de poſition en rompant à droite pour faire *face à gauche*, le peloton de la tête ne bougeant pas. *Titre XII.*

La ligne rompue à droite, la compagnie de Grenadiers eſt placée en avant dans la direction choiſie. Le Commandant-C.ᵉᵗ indique l'arbre *B*, point de vue en arrière, au Capitaine de Grenadiers 🜨.

Les pelotons marchent par le flanc droit, pour venir prendre rang dans la colonne.

PLANCHE XII. Changement de poſition centrale à gauche, la droite en tête ſur deux lignes. *Titre XII.*

Les deux lignes ont rompu à droite.

Mouvement de la première ligne. Le huitième peloton du premier bataillon de première ligne eſt placé par le Commandant-C.ᵉᵗ dans la direction de l'arbre *B*, point de vue en avant qu'il indique au Chef de ce peloton Ċ.

Le premier peloton du deuxième bataillon eſt placé derrière dans la même direction. Les pelotons du premier bataillon marchant par leur flanc gauche, les pelotons du deuxième marchant par leur flanc droit, viennent prendre rang dans la colonne.

Mouvement de la deuxième ligne. La deuxième ligne change de poſition en rompant à *droite* pour faire *face à gauche*. La compagnie de Grenadiers de ſon premier bataillon, en ſe portant en avant, est dirigée sur l'arbre *O*, point de vue en avant. Les pelotons marchent par leur flanc droit pour prendre rang dans la colonne.

Ce mouvement est le même que celui indiqué sur les planches VII & VIII.

La deuxième ligne mise en bataille, avance entre *V* & *X* pour se placer à sa distance de la première.

PLANCHE XIII. Changement de position centrale à droite, la gauche en tête. *Titre XII.*

La ligne a rompu à gauche.

Le premier peloton du deuxième bataillon est placé par le Commandant-C.ᵈ dans la direction de l'arbre *B*, point de vue en avant qu'il indique au Chef de ce peloton Č.

Le huitième peloton du premier bataillon, placé derrière dans la même direction. Les pelotons du premier bataillon marchant par le flanc gauche. Les pelotons du deuxième bataillon marchant par le flanc droit, viennent prendre rang dans la colonne.

PLANCHE XIV. Changement de position à droite par deux bataillons, les pelotons marchant de front. *Titre XII.*

Au commandement *marche*, les pelotons se sont déboîtés à droite en se conformant à la direction de leurs Chefs Č (placés aux flancs droits), lesquels ont raccourci le pas pour donner le temps à l'aile gauche d'arriver.

Les pelotons, sans s'arrêter, ont continué de marcher pour se porter sur la nouvelle position.

Les rectangles aux traits représentent les pelotons ayant fait leur premier pas pour se déboîter avec leurs Chefs Č sur l'aile droite.

Ce qui est au trait & haché représente la ligne formée en partie sur la nouvelle position.

On voit les derniers pelotons du deuxième bataillon ayant leur droite dirigée sur la gauche du peloton qui les précède, arrivant successivement pour se mettre en bataille. Le quatrième peloton est arrêté à hauteur du troisième rang, pour se mettre parallèlement, & avancer ensuite sur l'alignement.

Les Chefs de bataillon L. C.ᵈ M.ᵒʳ sont placés sur l'aile droite de leur bataillon, pour aligner leur bataillon sur le point de vue de gauche *B*.

Le Commandant-C.ᵈ est placé de même sur l'aile droite de la ligne pour rectifier l'alignement général.

V. Colonne de deux bataillons se déployant. *Titre XIII.*

1 . Les bataillons sont marqués se déployant. Ce qui est au trait & haché représente les divisions en bataille ou encore en colonne.

Le

Le déploiement de cette figure première est arrêté, afin d'en pouvoir mieux démontrer le mécanisme.

Les chefs de bataillon placés dans l'intervalle des bataillons, alignent leurs premières divisions, bases d'alignement; celui du premier bataillon, sur le point de vue de droite *B*; celui du deuxième bataillon, sur celui de gauche *O*.

⊙⊙ Bas Officiers marqués sur le front de la division d'alignement, contre lesquels cette division vient se placer, afin que les points de vue se trouvent en avant du front.

Les Aides-major *A A* suivent les divisions pendant le déploiement, pour avertir les divisions en faute, & remédier aux distances qui pourroient se perdre. Celui du premier bataillon qui déploie à droite, suit par-derrière son bataillon. Celui du deuxième bataillon qui déploie à gauche, suit par-devant le front, & empêche les divisions, en déployant, de déborder l'alignement.

Fig. 2. Les bataillons sont marqués déployés: le trait haché les représente. Les rectangles ponctués marquent le terrein qu'occupoient les deux bataillons en colonne. Les rectangles au trait & en blanc dans le deuxième bataillon, *fig. 1 & 2*, marquent les divisions déployées, & la position dans laquelle elles se trouvent avant de se mettre parallèment à la ligne de bataille.

Les rectangles au trait & pointillés marquent, dans les deux bataillons & dans les deux figures, les divisions placées sur le terrein d'où elles partent pour avancer sur l'alignement.

Les chefs de bataillon, en se portant le long de la ligne, rectifient l'alignement sur les points de vue de leur bataillon.

PLANCHE XVI. Déploiement d'une colonne de quatre bataillons; les bataillons placés d'abord en colonne à côté les uns des autres. *Titre XIII.*

Fig. 1. Représente la colonne.

Fig. 2. Les quatre bataillons se placent à côté les uns des autres: le déploiement se fait sur le troisième bataillon qui sert d'alignement. Lorsqu'il est découvert, il avance sur l'alignement marqué par les deux bas Officiers ⊙⊙ pour se placer sur la ligne ponctuée en arrière d'eux.

Fig. 3. Les quatre bataillons sont placés à côté les uns des autres, & avancent dans cet ordre sur le terrein où ils doivent se déployer.

Fig. 4. Les bataillons se déploient sur les Grenadiers du deuxième bataillon: Le premier & le deuxième bataillon, excepté ses Grenadiers, ont fait *à droite*; les troisième & quatrième bataillons ont fait *à gauche*. Les rectangles ponctués marquent le terrein des bataillons avant de déployer.

Les rectangles au trait marquent dans les deux bataillons, les divisions placées sur le terrein d'où elles partent pour avancer sur l'alignement.

Les chefs de bataillon placés dans l'intervalle des bataillons, alignent leurs bataillons sur les points de vue; ceux du premier & du deuxième bataillon, sur le point de vue de droite *B*; ceux du troisième & du quatrième, sur le point de vue de gauche *O*.

PLANCHE XVII. Prendre les distances par la queue de la colonne. *Titre XIII.*

Ce qui est ponctué marque le terrein qu'occupoit la colonne avant de commencer le mouvement.

On voit la compagnie de Grenadiers, & les troisième & quatrième divisions du deuxième bataillon qui ont leur distance : la première division de ce bataillon suit le premier bataillon, jusqu'à ce qu'elle ait donné la distance à la deuxième division.

Le Capitaine de Grenadiers du premier bataillon marche sur le point de vue *B*, indiqué par le Commandant-C.^d, lequel se tient à la queue de la colonne pour en diriger l'alignement sur le point *B*.

PLANCHE XVIII. Formation de colonnes serrées. *Titre XIII.*

Fig. 1. Colonne de deux bataillons formée sur le centre par peloton.

La colonne est formée sur le huitième peloton du premier bataillon.

Le bataillon, excepté ce peloton, a fait *à gauche*, & les premières files de gauche de chaque peloton se sont déboîtées un peu à droite.

Le deuxième bataillon a fait *à droite*; les premières files droites de chaque peloton ont déboîté aussi à droite.

Au commandement *marche*, les pelotons sont venus se former, ceux du premier bataillon en avant du huitième peloton.

Ceux du deuxième bataillon, en arrière de ce huitième peloton.

Ce qui est ponctué représente les bataillons avant de former la colonne, & le mouvement des premières files pour se déboîter.

Ce qui est au trait & haché représente la colonne formée.

Fig. 2. Colonne de quatre bataillons formée par divisions.

Dans une des dispositions qu'on peut employer en plaine contre la Cavalerie, les Drapeaux & troisièmes Sergens sont en serre-files dans chaque bataillon, derrière le cinquième peloton & tous les Tambours X. Entre les deuxième & troisième bataillons.... les deux premières compagnies de Grenadiers sont à la tête de la colonne; les deux dernières à la queue.

PLANCHE XIX. Passage de pont en avant par le flanc. *Titre XIV.*

Fig. 1. Le pont se trouve devant le septième peloton du premier bataillon.

Huit files de ce peloton continuent de marcher en avant pour passer sur le pont : la partie droite de ce bataillon a fait *à gauche*, le huitième peloton & le deuxième bataillon ont fait *à droite*.

Fig. 2. Tout ce qui a fait *à droite* & *à gauche*, suit par le flanc les huit files du septième peloton : à mesure que chaque file a passé le pont, elle rentre en ligne.

Les petits ronds hachés représentent les files qui se mettent en bataille ; & les lignes ponctuées, le chemin sur lequel elles ont passé.

Les petits ronds au trait représentent les files encore sur le pont, & marchant par le flanc.

PLANCHE XX. Passage de défilé en avant par pelotons. *Titre XIV.*

Les rectangles ponctués représentent les bataillons de droite & de gauche avant de passer le défilé, ceux de droite ayant rompu à gauche par pelotons, & ceux de gauche à droite. Les rectangles au trait les représentent dans le défilé.

Les rectangles au trait & pointillés représentent les pelotons des bataillons de droite & de gauche, se séparant en sortant du défilé, pour se mettre en bataille.

Les rectangles au trait & hachés représentent les bataillons en colonne ayant marché obliquement à droite & à gauche, pour se trouver derrière les ailes extérieures des pelotons de leur tête, qui se forment en bataille à mesure que le débouché s'élargit.

Les chefs de peloton č sont placés sur l'aile extérieure. On voit les trois premiers pelotons de la tête de la colonne de gauche, ainsi que les trois derniers de celle de droite, déja formés en bataille avec deux Officiers de serre-file ð en avant pour leur marquer le pas.

PLANCHE XXI. Passage de Pont en retraite par le flanc. *Titre XIV.*

La ligne s'étant approchée du pont, fait *halte* & *front*.

Les files de l'aile gauche & de l'aile droite font successivement *à droite* & *à gauche*, pour, en marchant par le flanc, filer derrière le bataillon, & entrer dans le défilé.

Les petits ronds au trait représentent les files qui sont de pied-ferme.

Les petits ronds hachés représentent les files qui font le mouvement pour se retirer.

Le pont passé, les pelotons se forment en colonne, dont les têtes sont dirigées, celle du premier bataillon sur l'arbre *O*, celle du deuxième bataillon sur l'arbre *B*. Les rectangles au trait & hachés les représentent. On voit le huitième peloton du premier bataillon, & le premier du deuxième encore par le flanc, & arrivant sur le terrein où ils doivent former le peloton.

PLANCHE XXII. Passage de défilé en retraite par pelotons. *Titre XIV.*

Fig. 1. Représente les bataillons avant de passer le défilé.

Les pelotons des ailes ont marché quatre pas en arrière, pour, en

> marchant par leur flanc, venir se réunir ensemble & entrer dans le défilé: les autres pelotons font successivement le même mouvement.

Fig. 2. Représente les bataillons ayant passé le défilé & formés en colonne serrée. La colonne continue de se retirer, ou bien la colonne fait *halte* & *front* pour se déployer.

PLANCHE XXIII. Passage de Lignes. *Titre XV.*

Fig. 1. La première ligne se retire, les pelotons marchant par leur flanc droit: ce qui est ponctué les représente; elle passe dans les intervalles que lui fait la deuxième ligne. En arrivant sur le terrein *O R*, les pelotons font face en tête, & se trouvent dans la disposition d'une colonne rompue par la droite, elle se met ensuite en bataille.

Fig. 2. La ligne se retire, les pelotons marchant par leur flanc gauche, ce qui est ponctué les représente. Ils viennent se reformer en bataille sur le terrein *T R*, en se trouvant d'abord dans la disposition d'une colonne rompue par la gauche.

> *Nota.* Les bataillons ne sont point sur la planche placés directement les uns derrière les autres, afin de faire voir que la deuxième ligne doit faire ouverture par-tout où les pelotons de première ligne se présentent.

PLANCHE XXIV. Prompte manœuvre. *Titre XVI.*

La colonne ayant sa droite en tête, fait *à gauche*, & marche par son flanc pour venir se mettre en bataille, sa gauche dirigée sur l'arbre *B*.

Les rectangles au trait représentent les pelotons. Pendant le mouvement, on voit sur la ligne ponctuée *O R*, les deux premiers pelotons que le Commandant-C.ᵈ a fait arriver dans l'alignement du point *B*.

Pendant la marche, il tient le flanc du premier peloton continuellement aligné sur le point de vue de gauche & le flanc du second peloton, dont il dirige la marche, & fait ainsi, avec les deux premiers pelotons, & successivement avec tous ceux qui prennent rang dans la colonne, un mouvement de conversion, dont le point de vue *B* est le pivot, jusque sur le terrein où il veut appuyer sa droite.

Les rectangles au trait & hachés représentent la colonne arrivée sur le terrein où elle doit se mettre en bataille.

Figure 1ʳᵉ.
1ᵉʳ Bat.ⁿ
2ᵉ Bat.ⁿ

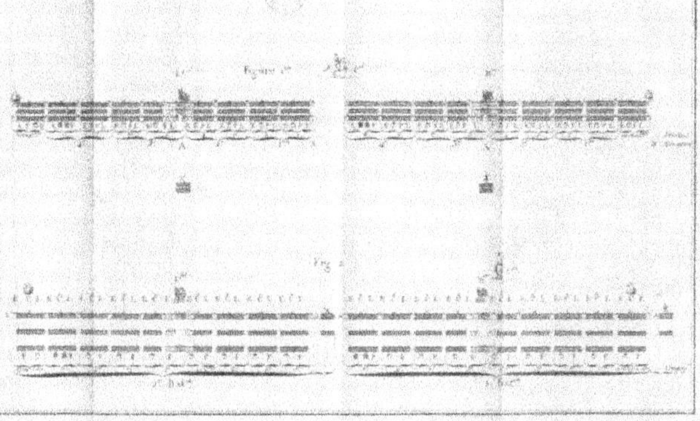

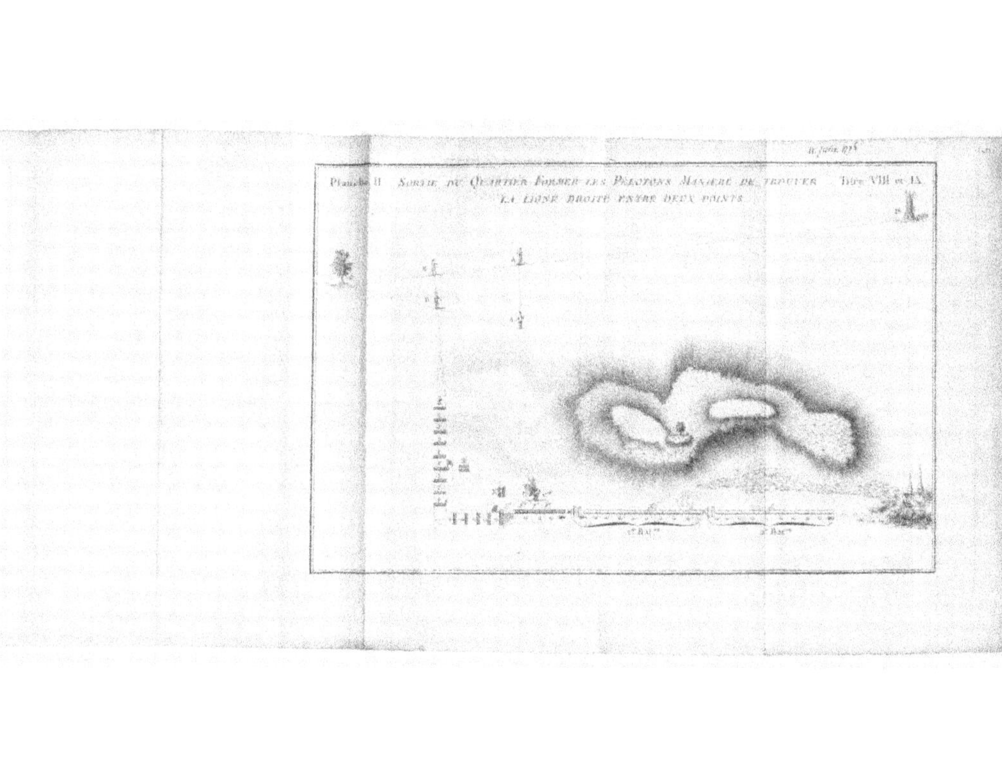

Planche II SORTIE DU QUARTIER FORMER LES PELOTONS MANIERE DE TROUVER Titre VIII et IX
LA LIGNE DROITE ENTRE DEUX POINTS

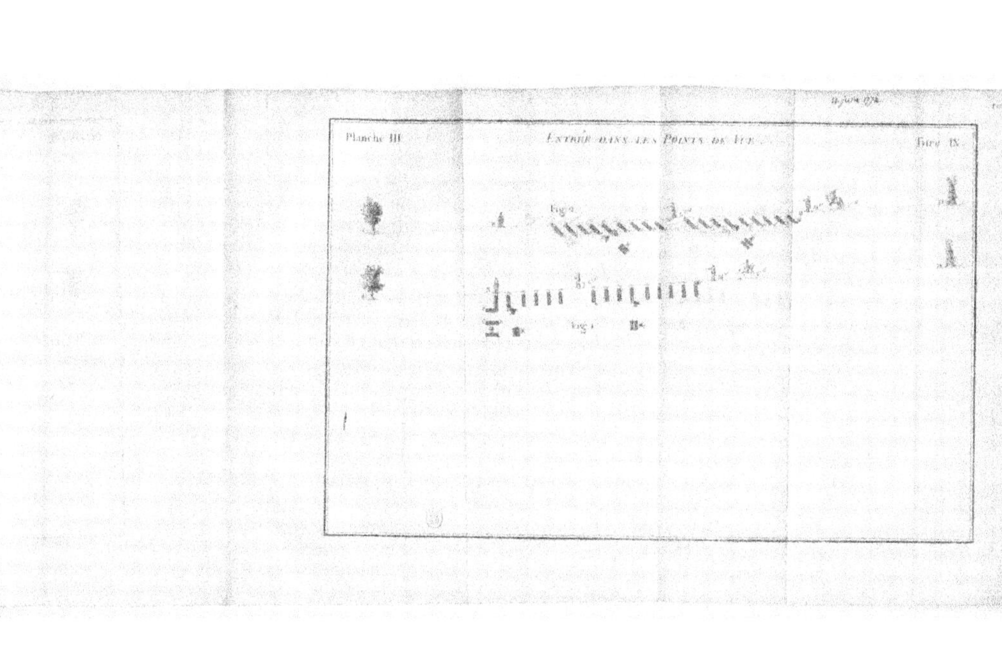
Planche III
ENTRER DANS LES POINTS DE FEU.
Livre IX.
Fig. 2.
Fig. 1.

DEUX COLONNES CHACUNE DE DEUX BATAILLONS, COMPOSÉES DES 1. ET 2. LIGNES, AVEC LEUR GAUCHE EN TÊTE, ENTRANT DANS LES POINTS DE VUE.

Tome IX.
Planche 4.

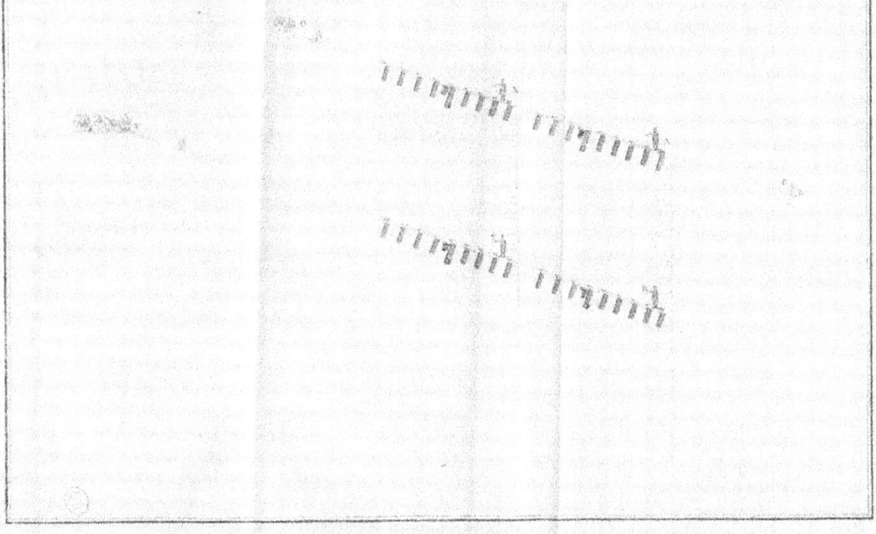

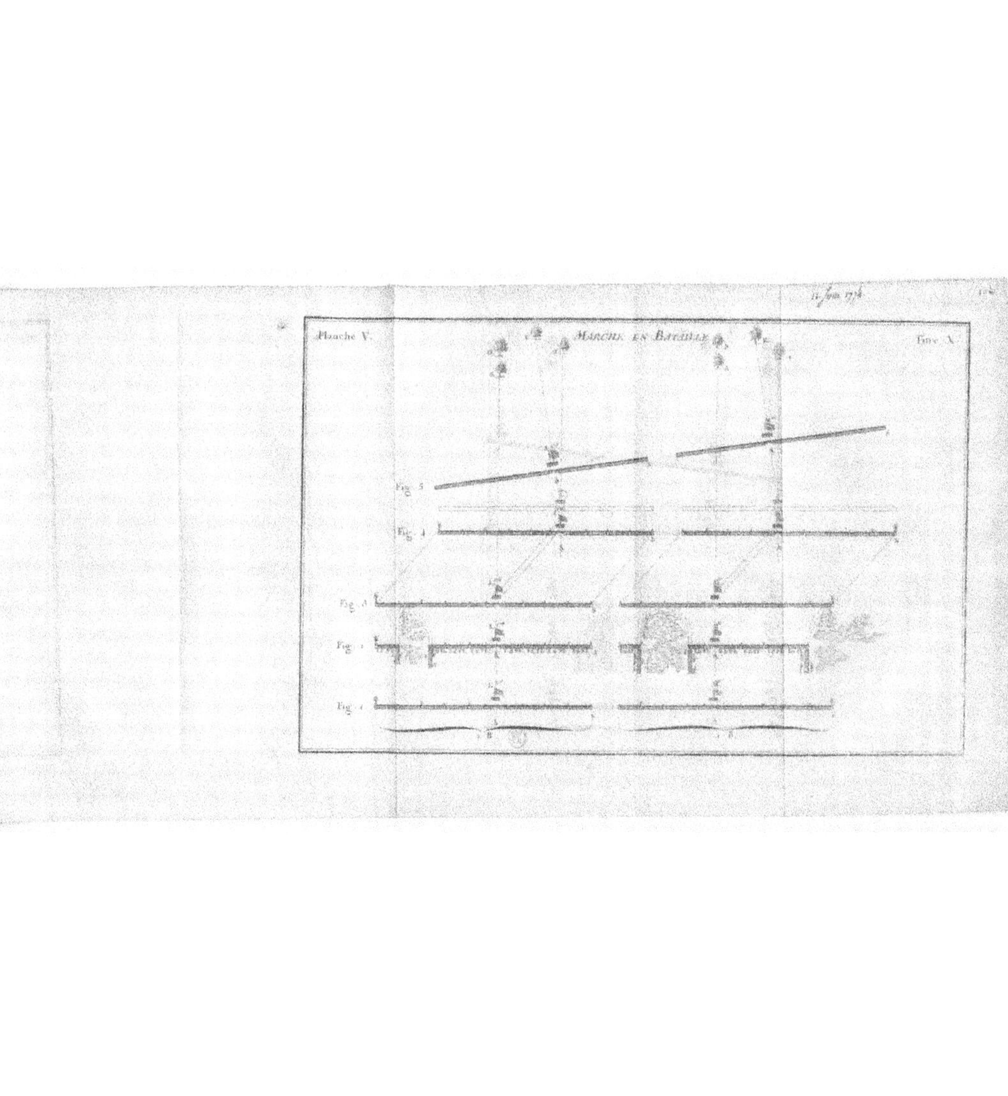

Planche V.
MARCHE EN BATAILLE
Livre X.
Fig. 5
Fig. 4
Fig. 3
Fig. 2
Fig. 1

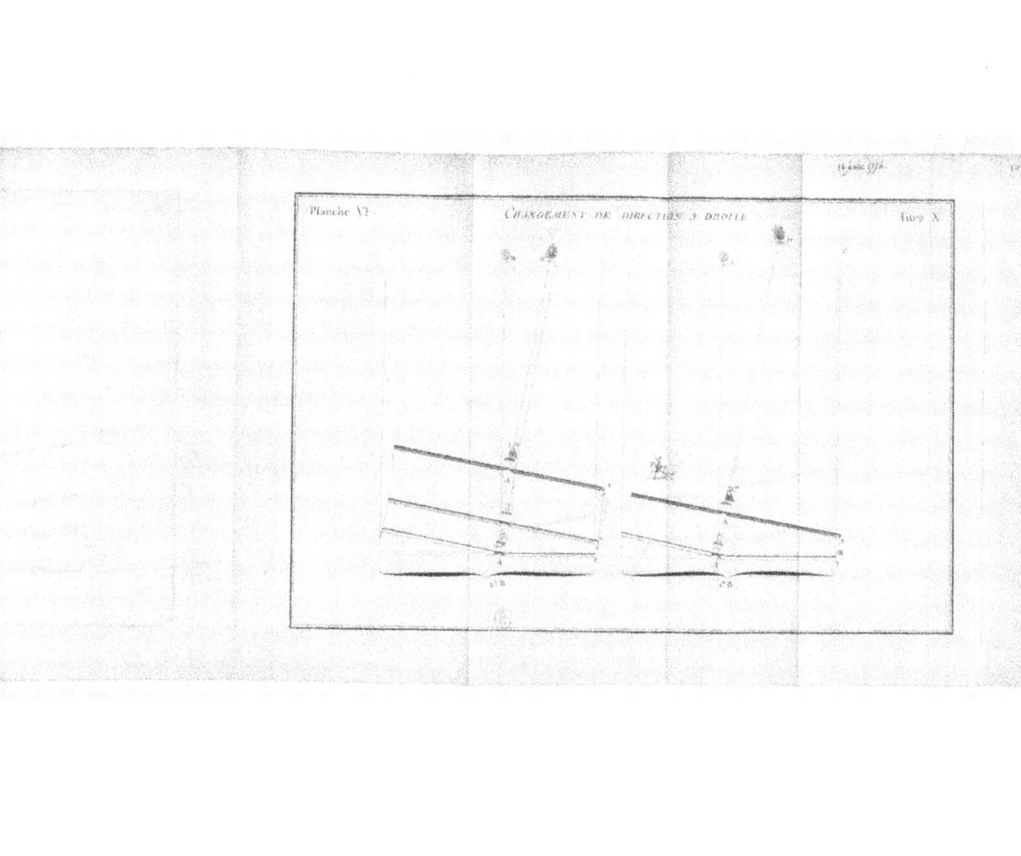

Planche VI.
CHANGEMENT DE DIRECTION A DROITE
Fig. X.

Planche VII.   CHANGEMENT DE POSITION EN MOURANT A DROITE POUR FAIRE FACE A GAUCHE   Tome XII

Planche VIII. 3.e OPÉRATION ET EXÉCUTION DU CHANGEMENT DE POSITION EN ROMPANT Idée XII
A DROITE POUR FAIRE FACE À GAUCHE.

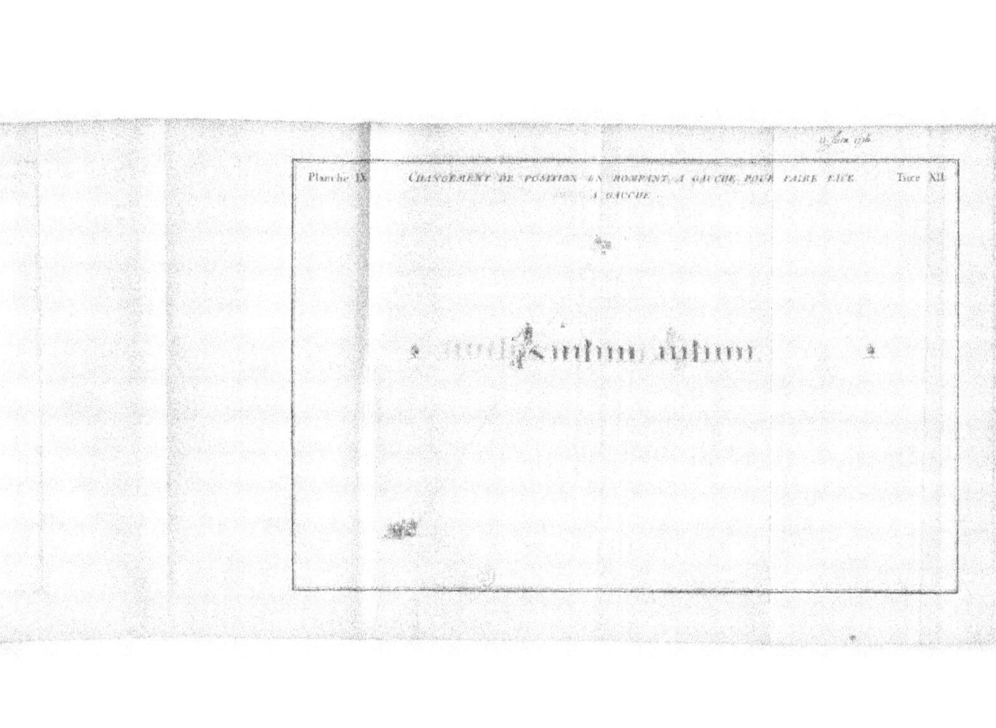

Planche IX — CHANGEMENT DE POSITION EN ROMPANT A GAUCHE POUR FAIRE FACE A GAUCHE — Tome XII

Planche X.   L'OPERATION ET EXECUTION DU CHANGEMENT DE POSITION EN ROMPANT
A GAUCHE POUR FAIRE FACE A GAUCHE.   Tome XII

Planche XI

CHANGEMENT DE POSITION EN ROMPANT À DROITE POUR FAIRE FACE À GAUCHE, LE PELOTON DE LA TÊTE NE BOUGEANT PAS

Titre XII

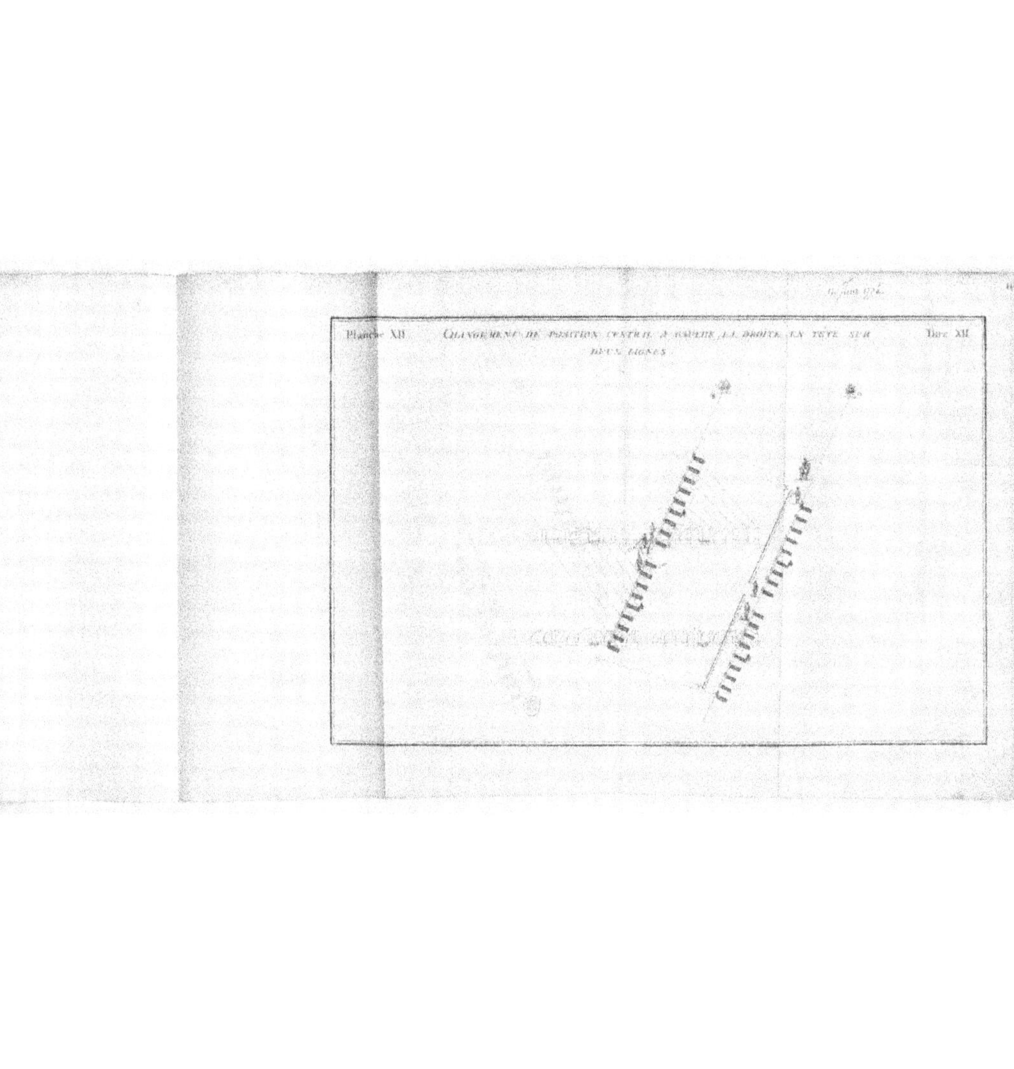

Planche XII
CHANGEMENT DE POSITION CENTRALE A GAUCHE, LA DROITE EN TÊTE SUR DEUX LIGNES
Pag. XII

Planche XIII CHANGEMENT DE POSITION CENTRAL À DROITE, LA GAUCHE EN TÊTE Titre XII

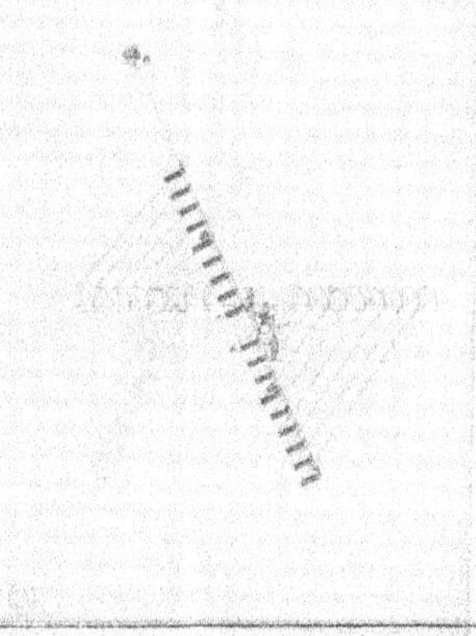

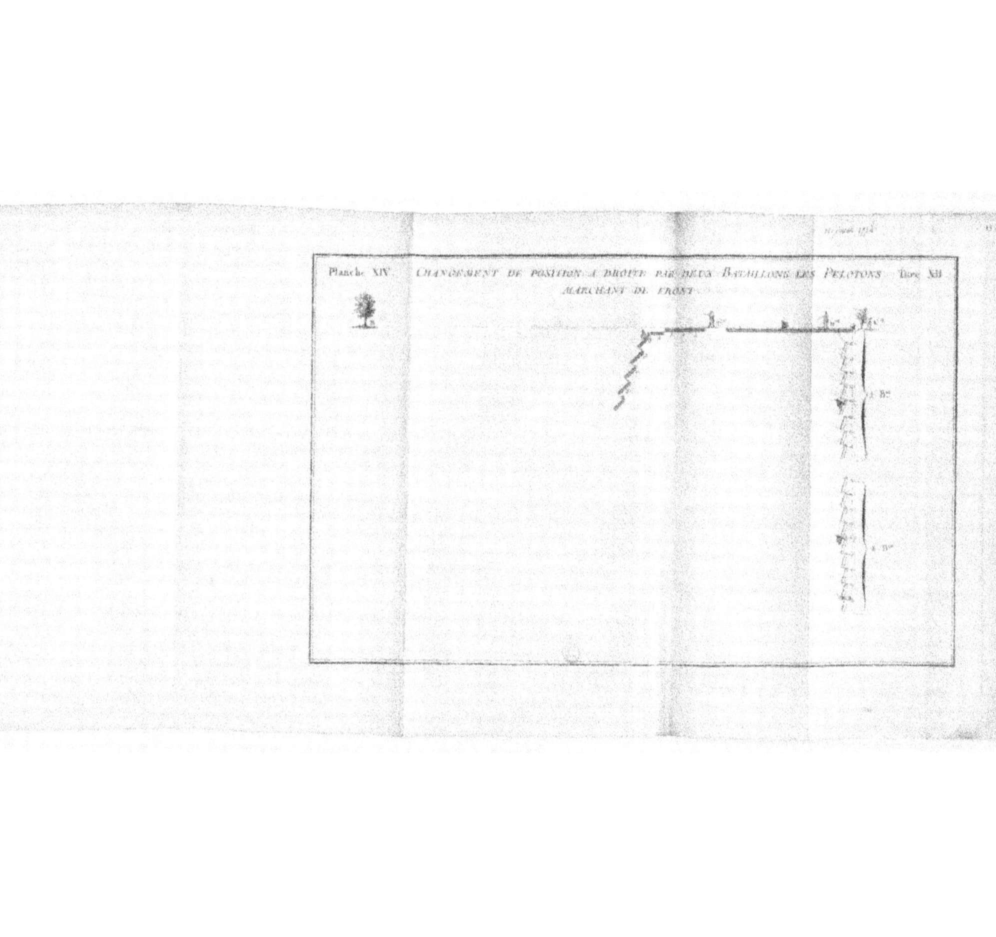

Planche XIV.
CHANGEMENT DE POSITION A DROITE PAR DEUX BATAILLONS LES PELOTONS
MARCHANT DE FRONT.
Tom. XII.

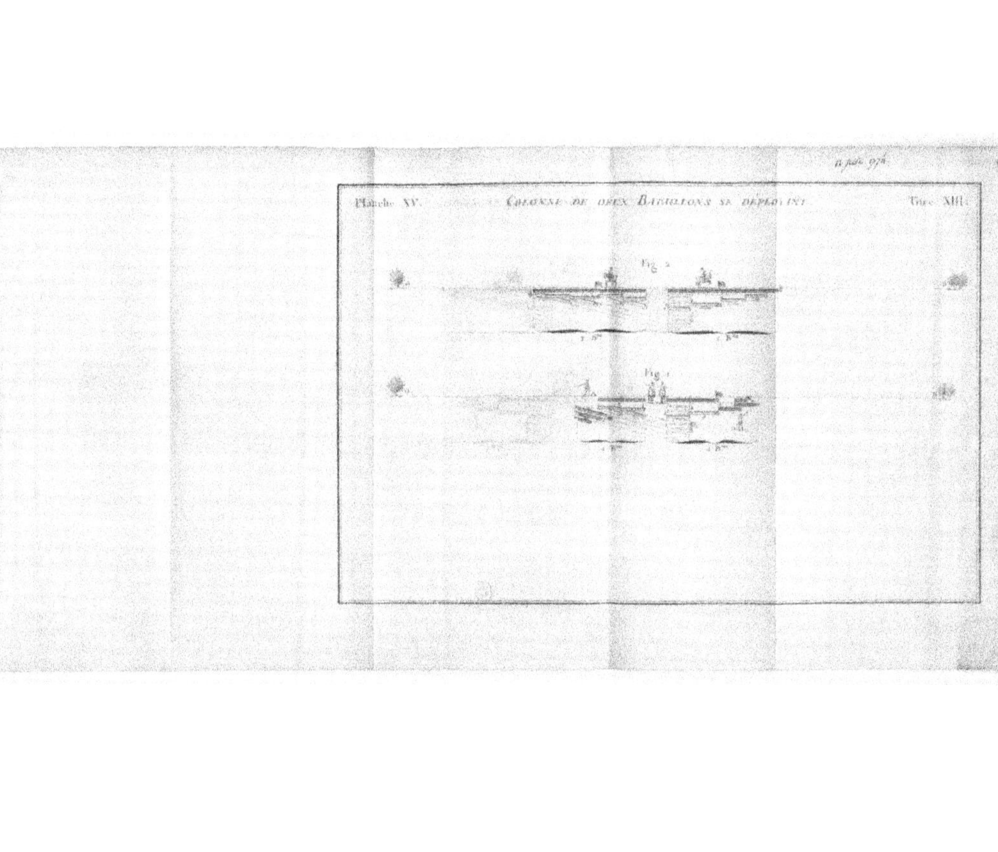

Planche XV.   COLONNE DE DEUX BATAILLONS SE DEPLOYANT   Tome XIII.

Planche XVI. Déploiement d'une Colonne de IV Bataillons, les Bataillons placés d'abord en Colonne à côté les uns des autres. Titre XIII.

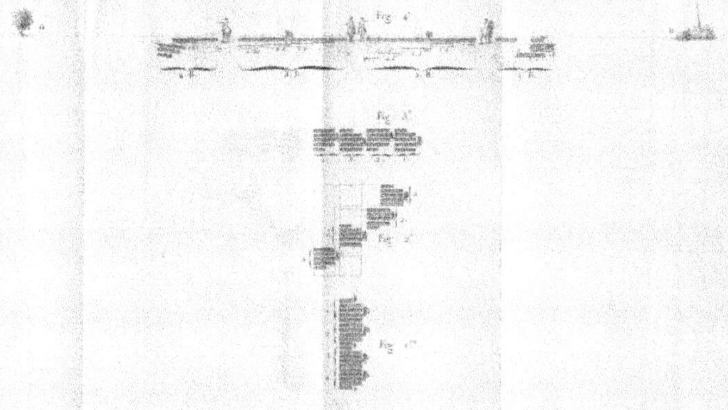

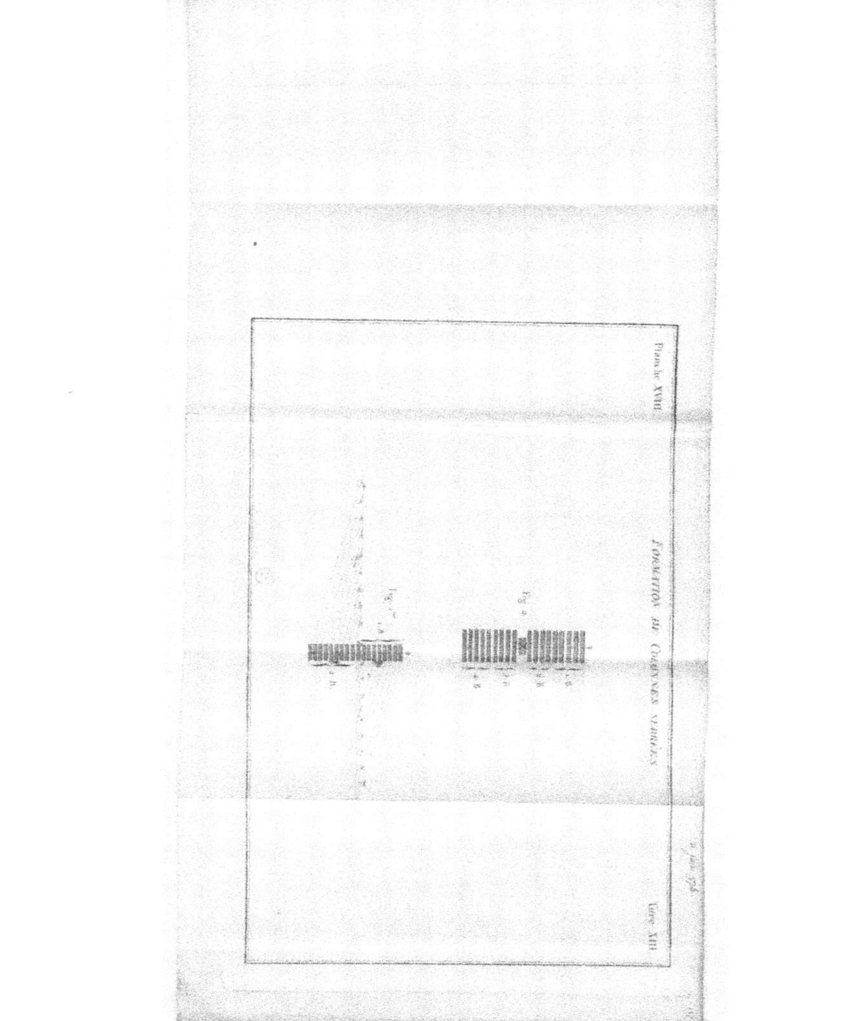

Fig. 2.
Fig. 1.

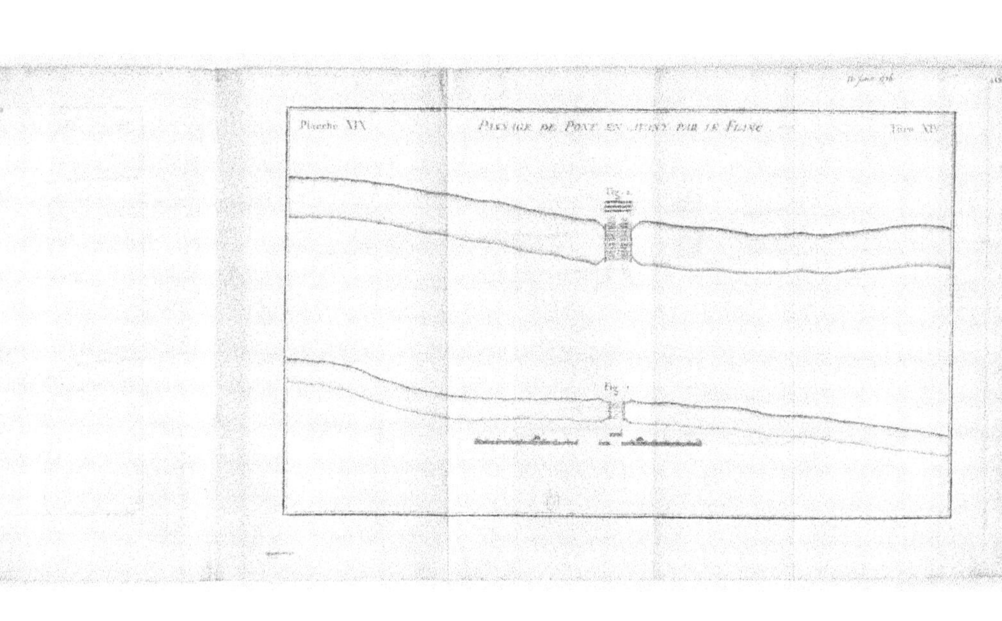

Planche XIX
PASSAGE DE PONT EN ... PAR LE FLANC
Tome XIV
Fig. 2.
Fig. 1.

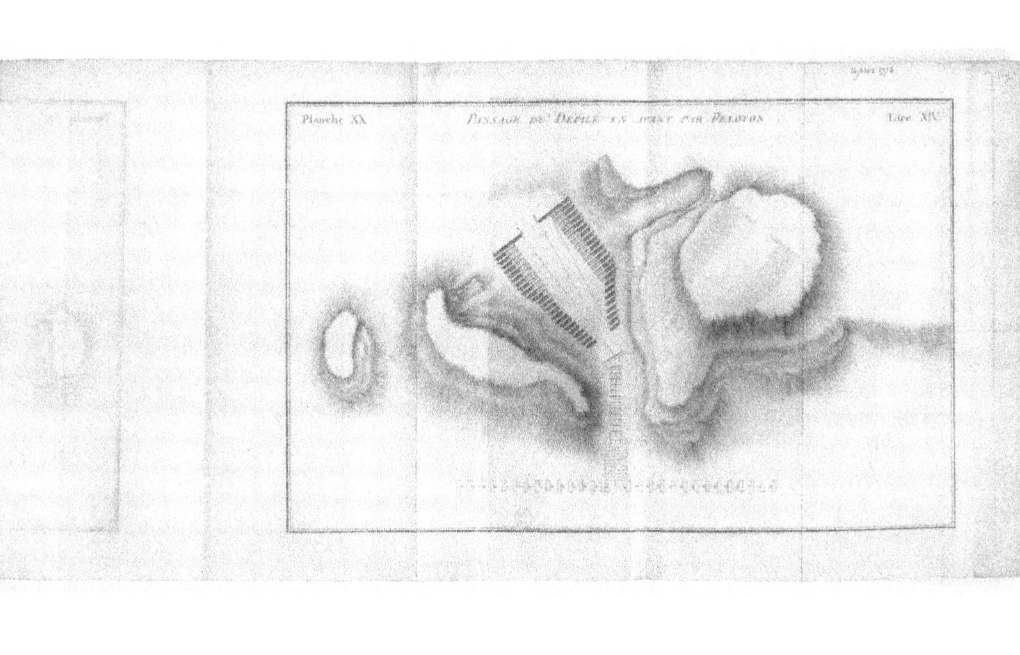

Planche XX
PASSAGE DE DÉFILÉ EN AVANT PAR PELOTON
Livre XIV
à pag. 194

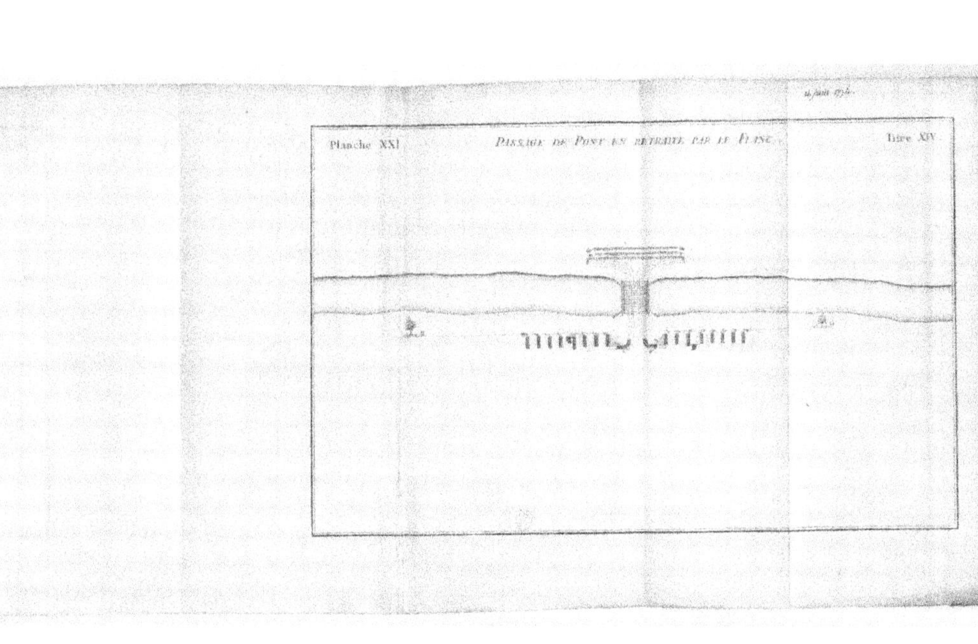

Planche XXI
PASSAGE DE PONT EN RETRAITE PAR LE FLANC.
Titre XIV.

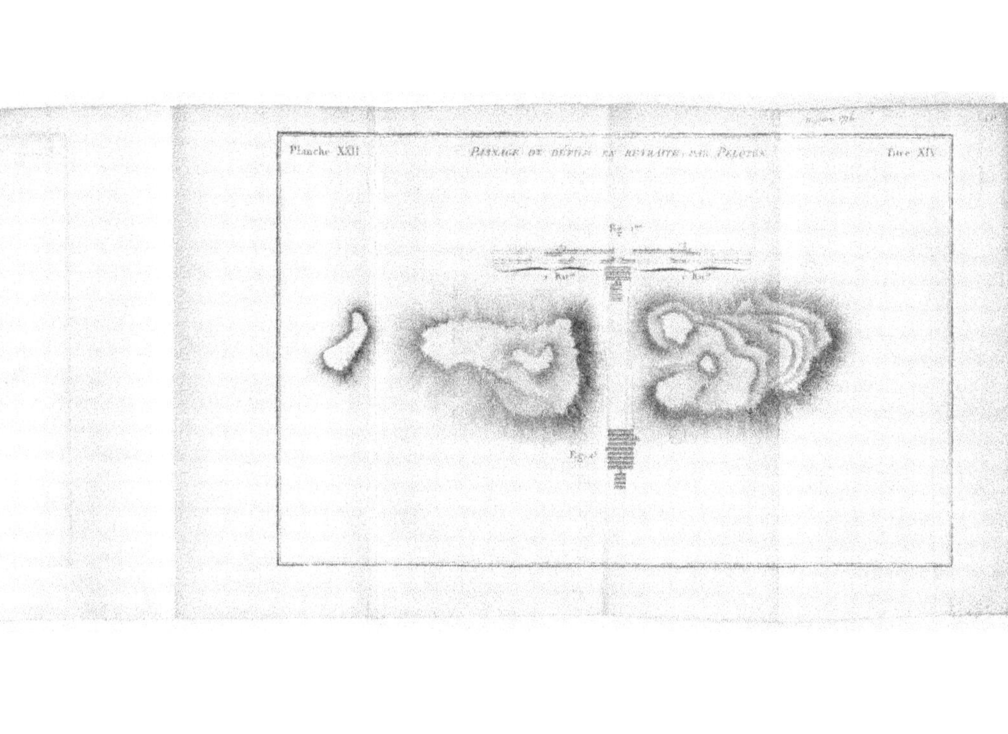

Planche XXII
PASSAGE DE DÉFILE EN RETRAITE, PAR PELOTONS
Livre XIV
Fig. 1er
Fig. 2

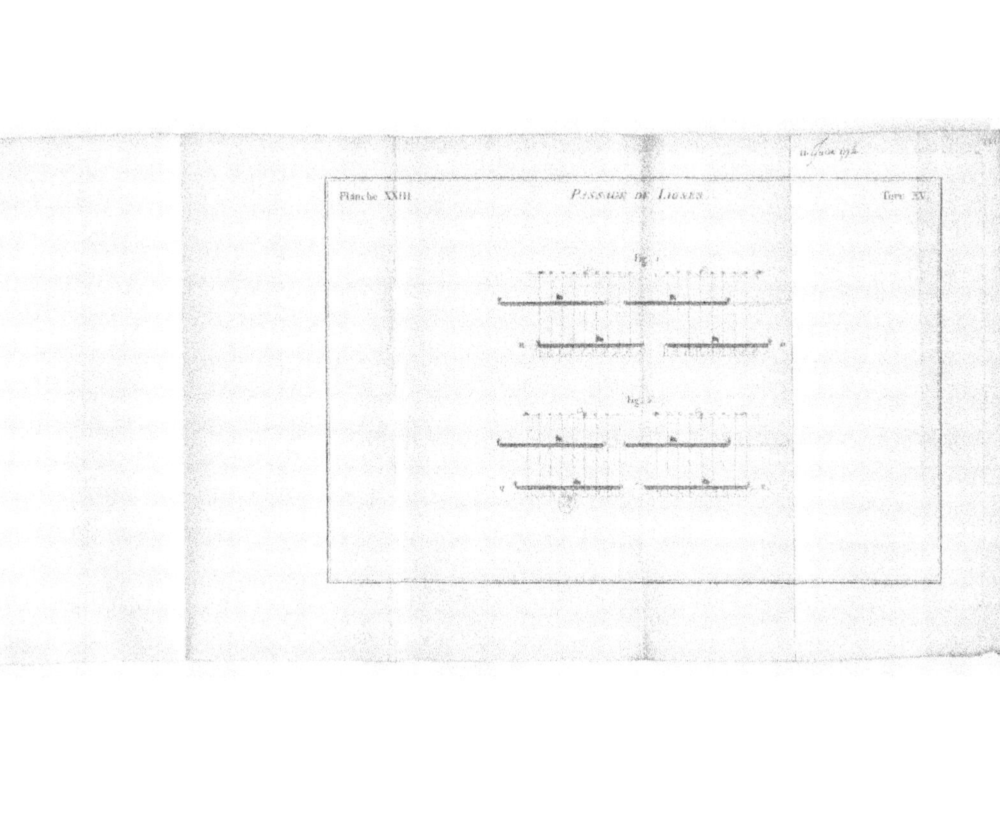

Planche XXIII
PASSAGE DE LIGNES.
Tome XV.
Fig. 1
Fig. 2

Planche XXIV
PROMPTE MANŒUVRE
Tome XVI